Heinz Strauf

Medienkompetenz entwickeln: Der Computer-Führerschein

Word 2013 – Excel 2013 – Internet – E-Mail

PERSEN

Der Autor

Heinz Strauf war Schulleiter an einer Hauptschule, unterrichtete die Fächer Deutsch, Mathematik und Informatik. Er ist Autor zahlreicher Veröffentlichungen.

Gedruckt auf umweltbewusst gefertigtem, chlorfrei gebleichtem und alterungsbeständigem Papier.

1. Auflage 2018

Grafik: Julia Flasche, Oliver Wetterauer
Satz: DTP Studio Koch, Oberweißbach

ISBN: 978-3-403-20222-6

www.persen.de

Vorwort

Sehr geehrte Kolleginnen und Kollegen,

mit dem Computer-Führerschein erlangen Ihre Schüler ein Grundwissen in verschiedenen Bereichen der Computernutzung (Erste Schritte in Word, Excel, im Internet und das Verfassen von E-Mails).

Dieses Heft ist als Arbeitsheft konzipiert und erhebt deshalb keinen Anspruch auf Vollständigkeit in den angesprochenen Bereichen. Vielmehr habe ich versucht, die Vielfalt der Möglichkeiten des Computereinsatzes in der 5. und 6. Klasse auf das zu reduzieren, was Schüler grundlegend benötigen, bzw. was wünschenswert erscheint.

In diesem Heft werden vier Bereiche angesprochen, die für den Computereinsatz in der 5. und 6. Klasse kaum noch wegzudenken sind. Im ersten Kapitel wird das Grundwissen für den Umgang mit dem Computer vorgestellt. Das zweite Kapitel behandelt die Textverarbeitung Word (Version 2013) in den wesentlichen Funktionen, die für die Erfassung und Formatierung von Texten erforderlich sind. Von der Tabellenkalkulation Excel (Version 2013) werden nur einfache Sachverhalte dargestellt, die der Schulstufe entsprechen. Schließlich werden die Themen „Internet“ und „E-Mail“ behandelt. Zu allen vier Bereichen gibt es Checklisten und Zwischentests, mit deren Hilfe die Schüler einen Überblick bekommen, wie weit ihre Vorkenntnisse schon reichen und wo weiter gelernt werden muss. Abschließend gibt es dann eine Prüfung, die mit dem „Computer-Führerschein“ belohnt wird.

Die Seiten sind so konzipiert, dass sie als Arbeitsblätter für Ihre Schüler kopiert werden können. Damit ist gewährleistet, dass Sie nur die Seiten kopieren müssen, die Sie auch tatsächlich einsetzen. Es ist nicht unbedingt notwendig, das Heft vom Anfang bis zum Ende durchzuarbeiten, weil nicht alle beschriebenen Funktionen für den entsprechenden Jahrgang notwendig sind und nicht jeder Schüler alle Bereiche bearbeiten muss.

Wenn die Serverstruktur an der Schule es zulässt, bietet es sich an, auf dem Server für jeden Schüler ein Verzeichnis anzulegen, in dem dieser seine fertigen Arbeiten abspeichern kann.

Auf der beiliegenden CD befindet sich die Vorlage des Computerführerscheins in Farbe zum Ausdruck. Des Weiteren befinden sich hier Lösungen und für Aufgaben benötigte Dateien der Kapitel 2 und 3.

Für Anregungen und Hinweise bin ich dankbar.

Heinz Strauf
heinz@strauf.de

I
COMPUTER

Checkliste: Grundlagen

Mit diesem Arbeitsblatt kannst du dir einen Überblick darüber verschaffen, was in der Prüfung zum PC-Führerschein von dir erwartet wird.

Du kannst anhand dieser Liste für dich entscheiden, was du schon gut kannst, wo du vielleicht noch Hilfe brauchst und was du noch üben musst. Dementsprechend sollst du dann auch die passenden Aufgaben bearbeiten.

Ich kann die Teile, die zum PC gehören, benennen und weiß, welche Funktion sie haben.

	ohne Hilfe	**mithilfe**	**muss noch üben**
DVD/CD-ROM-Laufwerk			
Prozessor			
Soundkarte			
Grafikkarte			

Ich kenne Geräte, die an einen Computer angeschlossen werden können, und ihre Aufgaben.

	ohne Hilfe	**mithilfe**	**muss noch üben**
Webcam			
Drucker			
Festplatte			
Tastatur			
Monitor			
USB-Stick			
Scanner			

Ich kenne einige Tasten mit einer besonderen Bedeutung.

	ohne Hilfe	**mithilfe**	**muss noch üben**
Strg			
Alt			
Windows-Taste			
Tabulator-Taste			
Leertaste/Space			
Return/Enter-Taste			
Shift-Taste			
Backspace			

Ich kann Ordner auf der Festplatte

	ohne Hilfe	mithilfe	muss noch üben
finden			
erstellen			
löschen			
benennen/umbenennen			
verschieben			

Ich kann Dateien speichern

	ohne Hilfe	mithilfe	muss noch üben
auf der Festplatte			
auf einem USB-Stick			

Ich kann

	ohne Hilfe	mithilfe	muss noch üben
Unterordner anlegen			
mehrere Programme gleichzeitig ausführen			
zwischen Programmen wechseln			
den Computer herunterfahren und ausschalten			

Du kennst sicher einen Computer und damit auch alle Teile, die unbedingt zu einem Computer-Arbeitsplatz gehören.

Aufgabe
Benenne die Bestandteile des Computers.

Du findest die passenden Begriffe hier:
Bildschirm – Maus – Rechner – Tastatur

Vielfach ist anstelle des Computers (mit seinen Bestandteilen) das Notebook getreten. Es hat den Vorteil, dass man es leicht transportieren kann, sodass Geschäftsleute eigentlich vorwiegend mit einem solchen Notebook arbeiten. Für Notebooks gibt es noch weitere Namen: Laptop, Netbook.

Aufgabe
Nenne Vorteile eines Notebooks im Vergleich zu einem Computer. Gibt es auch Nachteile?

____

____

____

Zu einem Computer-Arbeitsplatz gehören in der Regel noch weitere Geräte, mit denen man die vielen Möglichkeiten des Computers auch wirklich ausnutzt. Allerdings sind nicht alle hier aufgeführten Geräte immer und für jede Aufgabe notwendig.

Aufgabe
Trage diese Wörter in die entsprechenden Lücken ein:
Lautsprecher – Drucker – Kopfhörer – Scanner

Mit dem ____________________
kannst du Bilder
und Texte ausdrucken.

Der ____________________ kann Bilder und Texte in den Computer einlesen. Du kannst sie anschließend im Computer speichern und bearbeiten.

Zum Hören von Sprache und Musik brauchst du

____________________ oder

____________________.

Male sie auf.

Aufgabe
Es gibt noch andere Geräte, die man an einen PC anschließen kann. Benenne sie und erkläre kurz, wozu diese Geräte dienen.

____

____

____

____

____

____

Das EVA-Prinzip

Du hast nun schon verschiedene Geräte kennengelernt, die zu einem Computer-Arbeitsplatz gehören (können). Diese Geräte haben verschiedene Aufgaben. Aufgrund der unterschiedlichen Aufgaben spricht man auch von dem ***EVA***-Prinzip: Es werden Daten eingegeben; diese werden dann im Rechner verarbeitet und schließlich ausgegeben.

Eingabegeräte:	Das sind die Geräte, mit denen du Daten in den Computer eingibst, also über die Tastatur oder mithilfe der Maus.
Verarbeitungsgerät:	Damit ist die Zentraleinheit des Computers gemeint, in der die Daten verarbeitet werden, sodass wir z. B. später Texte auf dem Bildschirm sehen können.
Ausgabegeräte:	Die verarbeiteten Informationen sollen uns nun auch zur Verfügung stehen. Du kannst sie entweder auf dem Bildschirm (Monitor) sehen oder sie dir mithilfe des Druckers auch ausdrucken lassen.

Du siehst hier einige Bestandteile eines Computer-Arbeitsplatzes.

Aufgabe

Trage in die Kästchen jeweils den Buchstaben für die Aufgabe ein, die auf dieses Gerät zutrifft (siehe oben: ***EVA***).

Hochstelltaste:
Mit ihr wird die Shift-Taste festgestellt.

Escape:
Mit dieser Taste bricht man Vorgänge ab.

Tabulator:
Du springst zum nächsten Tabstopp.

Backspace:
Sie löscht das Zeichen vor dem Cursor.

Entf:
Mit ihr wird das Zeichen gelöscht, das dem Cursor folgt.

Pfeiltasten:
Mit ihnen bewegt man den Cursor auf dem Bildschirm.

Umschalt/Shift-Taste:
Mit ihr wird auf Großschreibung umgestellt.

Steuerung (Strg):
In Verbindung mit anderen Tasten werden Befehle ausgeführt.

Alt und Alt Gr:
Mit ihnen werden bestimmte Befehle aufgerufen (z. B.
Alt Gr + E ergibt das Eurozeichen).

Leertaste/Space:
Mit ihr entsteht ein Zwischenraum (z. B. zwischen zwei Wörtern).

Return/Enter:
Mit ihr wird die Eingabe bestätigt.

Taste		Funktion
Escape		
Tabulator (oder Tab)	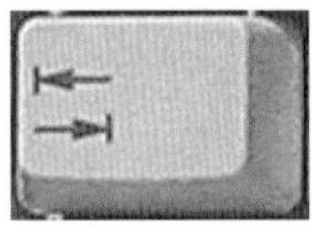	
Hochstelltaste		
Shift oder Groβschreibung (2 Tasten)		
Backspace	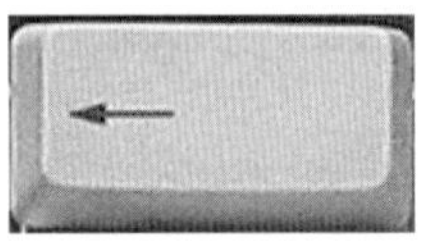	
Return/Enter (2 Tasten)		
Entfernen		
Steuerung (2 Tasten)		
Alt und **Alt Gr** (2 Tasten)		
Pfeiltasten		

Nutze den Computer, um ein einfaches Bild zu malen. Auf deinem Computer ist dazu das Malprogramm „Paint“. Du kannst es in folgenden Schritten aufrufen:

Start → Alle Programme → Zubehör/Accessories → Paint.

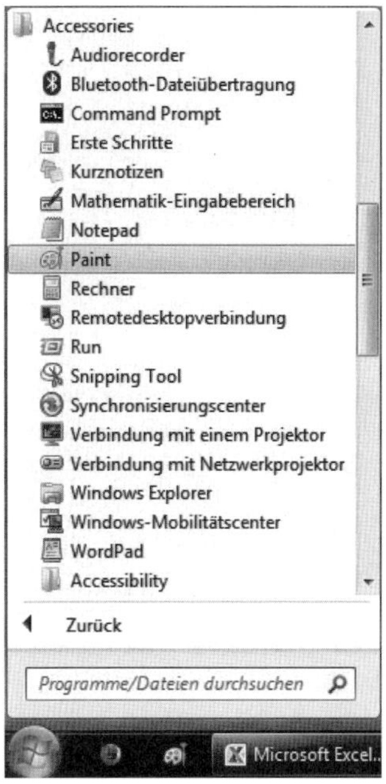

Wenn du mit der linken Maustaste auf Paint klickst, öffnet sich dieser Bildschirm:

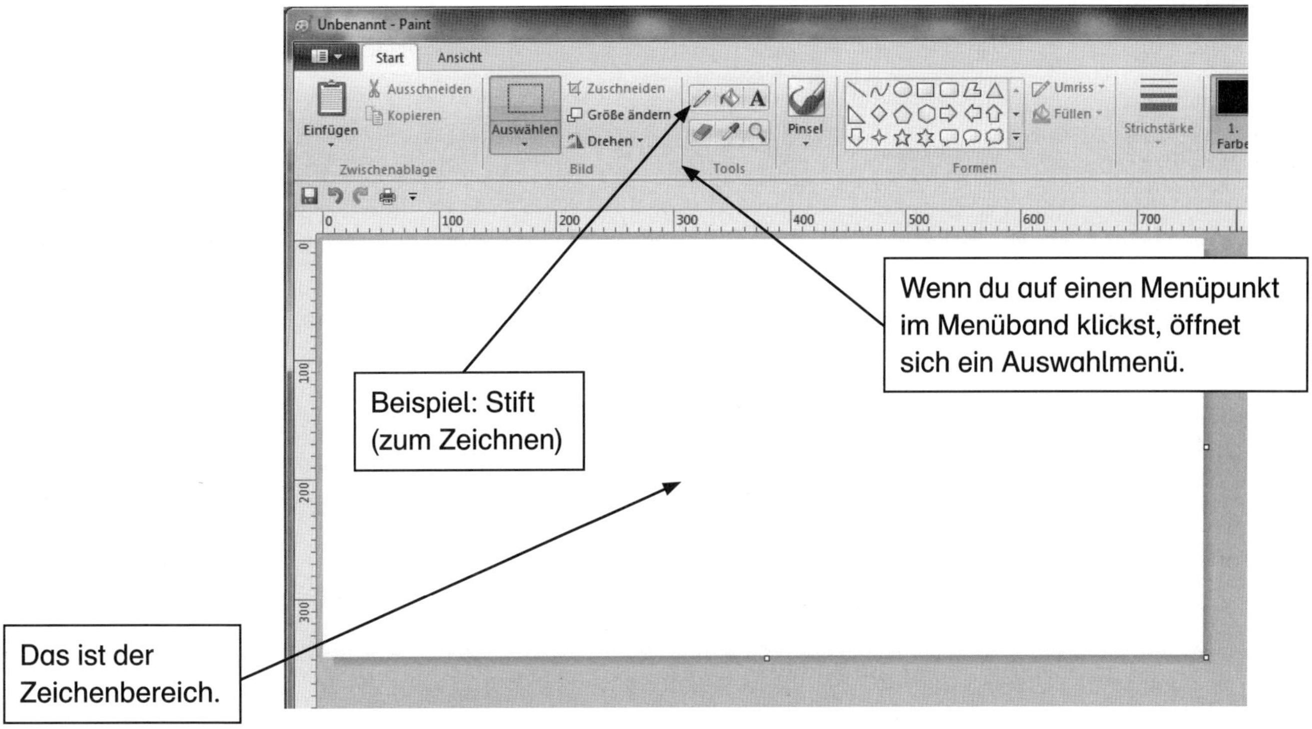

Im Menüband siehst du die Farbpalette, die dir zur Verfügung steht.

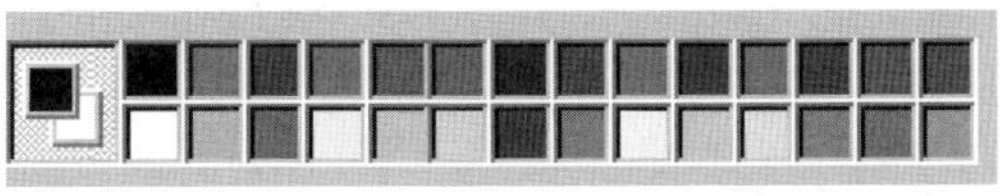

Aufgabe
Male ein Bild deiner Wahl. Das kann dein Lieblingstier sein, ein Haus, ein Baum …

Du hast ein Bild gemalt.

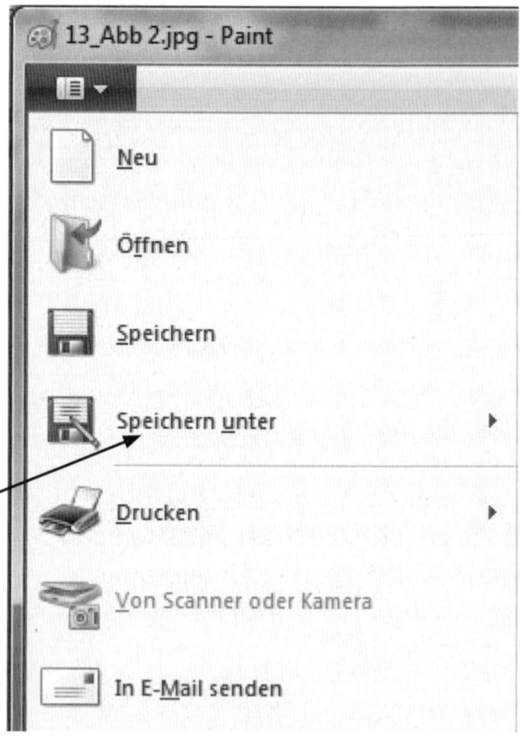

Es wäre sehr schade, wenn dieses Bild verloren ginge.
Also wollen wir es speichern.
Das geht in folgenden Schritten:

Paint-Schaltfläche → Speichern unter …

Dann öffnet sich dieses Fenster:

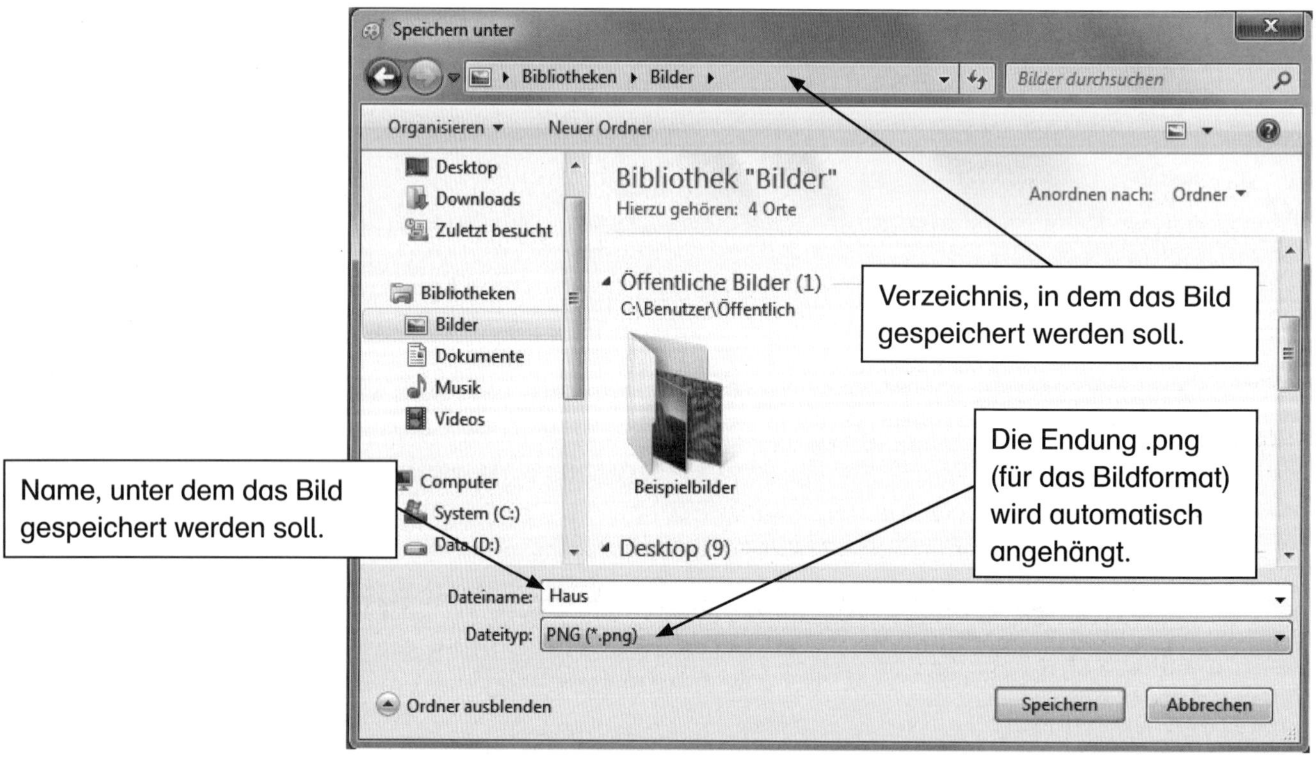

In dem Feld hinter „Dateiname" gibst du den Namen des Bildes ein (hier: Haus). Anschließend klickst du auf den Button „Speichern".
Jetzt kannst du dieses Bild mit den Befehlen *Paint-Schaltfläche → Öffnen* wieder auf den Bildschirm holen und bearbeiten.

Aufgabe
Male einen Turm und speichere ihn unter dem Namen „Turm.png" ab.
Zeichne eine Uhr und speichere sie unter dem Namen „Uhr.png" ab.

Wenn du mit verschiedenen Programmen auf dem Rechner arbeitest, sollen möglichst viele deiner Arbeiten auch gespeichert werden. Dies geschieht grundsätzlich auf zwei Arten:

- Im Arbeitsspeicher werden die Daten kurzzeitig, also während deiner Arbeit, gespeichert.
- Auf der Festplatte werden Informationen dauerhaft gespeichert.

Alles, was du behalten möchtest, muss langfristig gespeichert werden. Dazu ist die Festplatte (normalerweise mit dem Laufwerksbuchstaben **C:**) da. Sie fasst riesige Datenmengen. Andere mögliche Laufwerk wären z. B. das DVD/CD-Laufwerk (vielleicht Laufwerk **D:**) oder ein USB-Stick, auf dem du Dateien speicherst. Dieser könnte dann z. B. den Laufwerksbuchstaben **E:** haben.
Damit du bei dieser großen Menge von Daten die Übersicht behalten kannst, musst du diese ordentlich abspeichern.
Man legt auf der Festplatte Ordner an, die man mit Namen benennt, z. B. „Texte“, „Führerschein“, „Bilder“. In diese Ordner kommen Unterordner, die wiederum benannt werden, z. B. „Lektüre“ (für deine Texte zur Lektüre) oder „Klassenfahrt“ (für die Bilder der letzten Klassenfahrt). In dem Unterordner kannst du deine Arbeiten als Datei abspeichern, zum Beispiel einen Brief, ein Referat, eine Tabelle, ein Bild oder eine Grafik.

Als Bild sieht das dann ungefähr so aus:

Festplatte, Laufwerk C: ⇒ 

Ordner, z. B. Informatik ⇒ 

Unterordner im Ordner „Informatik“ „Downloads“ ⇒ 

Datei, z. B. Dokument.docx ⇒ 

Aufgabe
Erstelle Unterordner.
Öffne auf der Festplatte den Ordner mit deinem Namen.
Erstelle dort zwei Unterordner mit den Namen „Bilder“ und „Texte“.

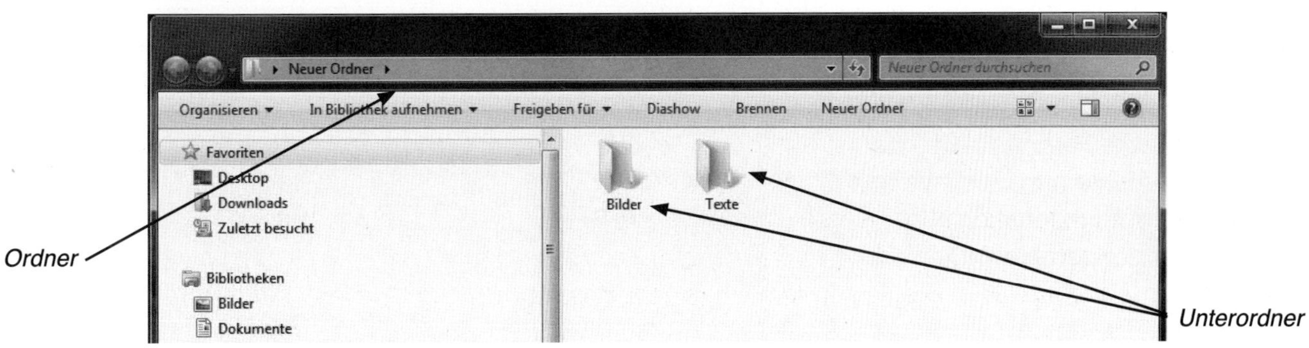

Aufgaben
Benenne den Unterordner „Bilder“ in „Grafiken“ um.
Erstelle in dem Unterordner „Texte“ einen weiteren Unterordner „Deutsch“.

Einen neuen Ordner erstellen

Wenn man auf einem Laufwerk viele Dateien hat, ist es sinnvoll, sie zu ordnen und zusammengehörende Dateien in Ordnern zusammenzufassen. Zum Beispiel sollte man alle seine Bilder in einem Ordner namens „Bilder“ haben.

Drücke gleichzeitig die Tasten [Windows] + [E]. Dann findest du auf der rechten Seite des Explorers die vorhandenen Ordner, die durch einen Doppelklick öffnen kannst, in diesem Fall ist es der Ordner „Führerschein“. Wie du siehst, ist der Ordner noch leer.

Du richtest einen Ordner für deine Texte ein.
Klicke dazu auf „Neuer Ordner“.

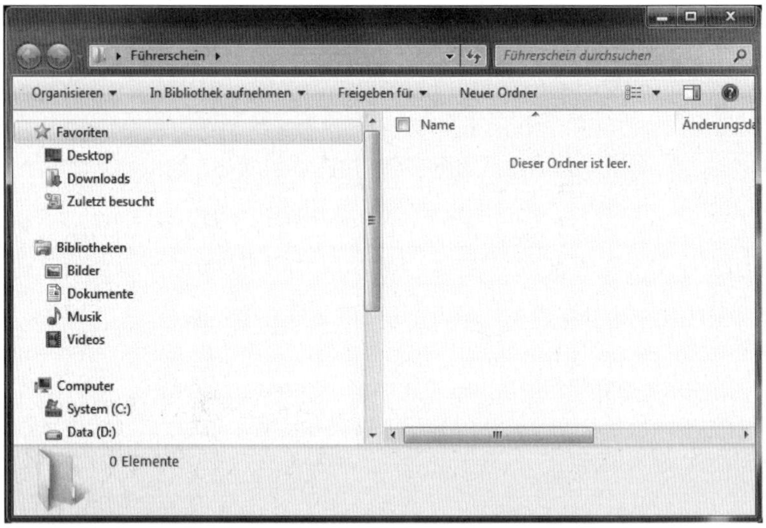

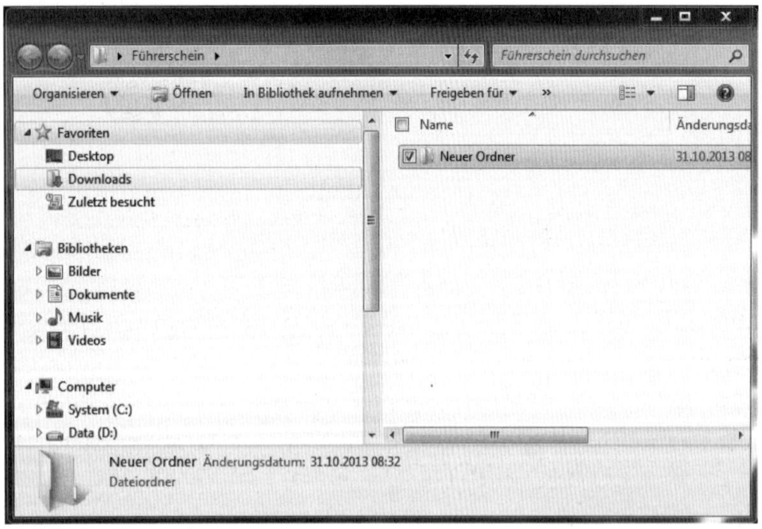

Dann erhältst du dieses Bild. Sofort ist ein neuer Ordner entstanden, und zwar mit dem Namen „Neuer Ordner“. Du musst nur noch seinen Namen ändern.

Tippe also in das blau unterlegte Feld den Namen „Texte“ ein und bestätige die Eingabe mit „Return“. Der Ordner mit dem Namen „Texte“ ist jetzt in dem Verzeichnis „Führerschein“ eingerichtet. Dort kannst du später deine Arbeiten ablegen.

Wie du siehst, hat sich das Menü in der Symbolleiste verändert. Du hast über diese Befehle nun verschiedene Möglichkeiten: Du kannst deinen Ordner umbenennen, ihn öffnen oder auch löschen.

Symbolleiste

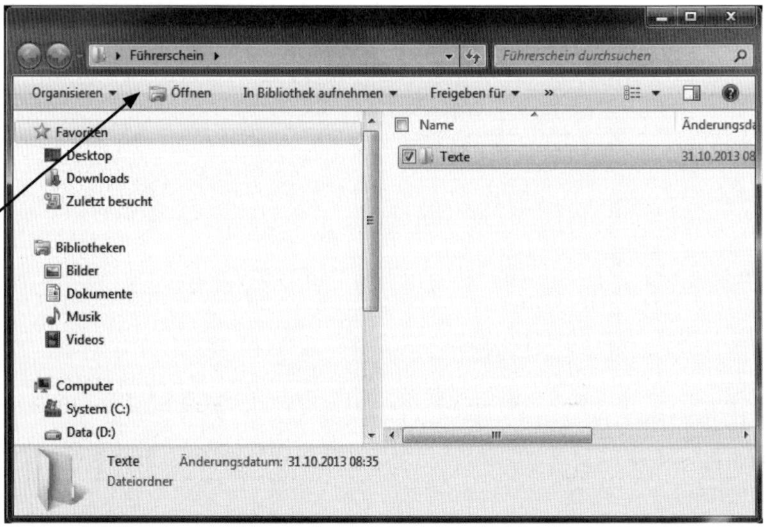

INFO

Mithilfe der „Fenstertechnik“ kannst du mehrere Programme gleichzeitig geöffnet haben und zwischen diesen „hin und her“ springen. D. h. du kannst gleichzeitig mit mehreren Programmen arbeiten, ohne dass du erst das eine Programm beenden und ein neues öffnen musst.

Aufgabe

1. Starte den Computer und schalte den Monitor an.

2. Starte den Editor (ein einfaches Schreibprogramm) auf folgendem Weg:
Start → *Alle Programme* → *Zubehör/Accessories* → *Notepad.*

3. Starte den Rechner (Taschenrechner) auf folgendem Weg:
Start → *Alle Programme* → *Zubehör/Accessories* → *Rechner.*

4. Wenn beide Programme im Vollbildmodus sind, kannst du zurzeit nur den Rechner sehen, der Editor liegt „unter“ diesem Programm. Dass zwei Programme geöffnet sind, kannst du in der Taskleiste sehen: es gibt zwei Buttons für die beiden Programme.
Wenn du jetzt auf den Button „Editor“ klickst, so öffnet sich sofort der Editor und der Rechner ist verdeckt.

5. Wenn die beiden Programme geöffnet sind, siehst du in der oberen rechten Ecke deines Bildschirms diese drei Buttons. 

   Klicke auf den linken Button. Der Bildschirm des geöffneten Programms schließt sich, das Programm bleibt aber geöffnet.

   Klicke auf den mittleren Button. Der Bildschirm wird verkleinert, bleibt aber geöffnet. Damit hast du die Möglichkeit, zwei (oder mehrere) Programme gleichzeitig auf dem Bildschirm zu öffnen: nebeneinander, untereinander …

   Klicke auf den rechten Button. Der Bildschirm ist geschlossen. Das Programm wird aber gleichzeitig mit geschlossen. Deshalb kommt eine Nachfrage, ob du die aktuelle Datei speichern möchtest, wenn du Änderungen am Dokument vorgenommen hast.

6. Ordne die beiden Programm nebeneinander auf dem Bildschirm an.

Tipp:

Zwischen mehreren geöffneten Programmen kannst du „hin und her“ springen, indem du die Alt-Taste gedrückt hältst und anschließend auf die Tabulator-Taste drückst. Durch mehrmaliges Drücken der Tabulator-Taste kommst du zum gewünschten Programm.

Den Computer herunterfahren und ausschalten

Wenn du mit der Arbeit in einem beliebigen Programm fertig bist und du den Computer ausschalten möchtest, gehst du in diesen Schritten vor.

Schließe zuerst alle Programme, die noch offen sind.

Klicke danach ganz links unten auf den Schalter . Hier kannst du den Computer ausschalten.

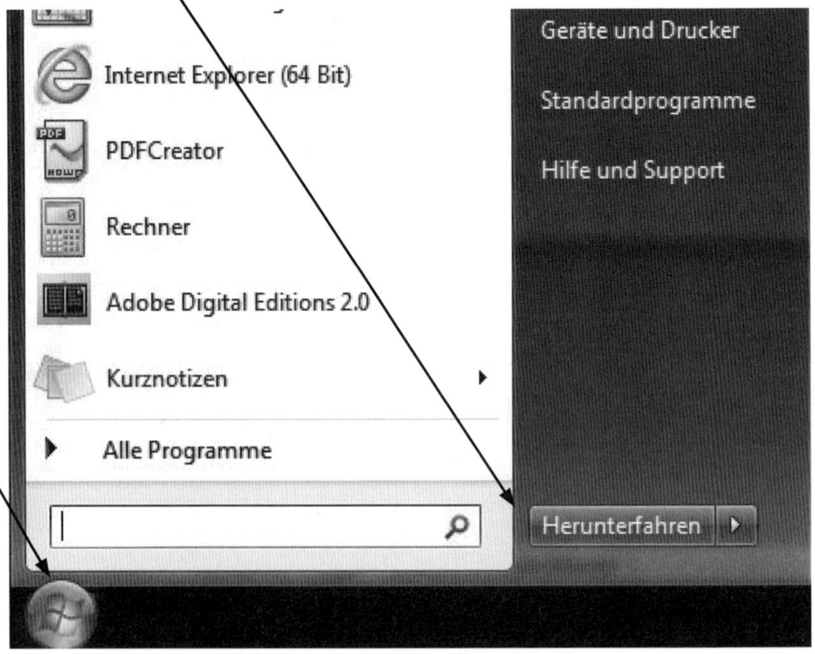

Wenn du auf den Pfad neben „Herunterfahren“ klickst, kannst du festlegen, ob du den Computer „Abmelden“ möchtest oder ob er in den „Ruhezustand“ gehen soll. Der Menüpunkt „Neu starten“ ist hier nicht von Bedeutung.

Wenn du „Ruhezustand“ anklickst, fährt der Computer in den „Standby-Modus“.
Diesen Modus wirst du vielleicht auf deinem privaten Rechner nutzen. Der Start geht schneller und die Grundeinstellungen sind alle beibehalten worden.

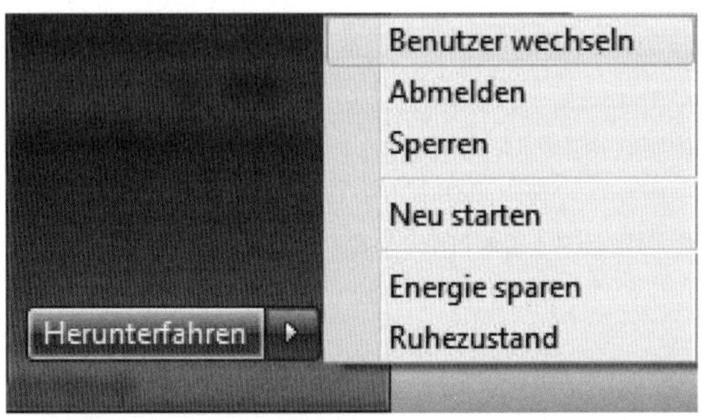

Klicke auf „Herunterfahren“ und warte, bis der Computer sich ausschaltet.
Den Monitor musst du (in den meisten Fällen) dann noch mit der Hand ausschalten.

Aufgabe 1

Ein Computersystem besteht aus Hardware und Software.
Nenne jeweils drei Komponenten für Hardware und Software.

Hardware:

Software:

Aufgabe 2

a) Was bedeutet die Abkürzung EVA?

E: V: A:

b) Vervollständige die Darstellung (EVA - Prinzip)

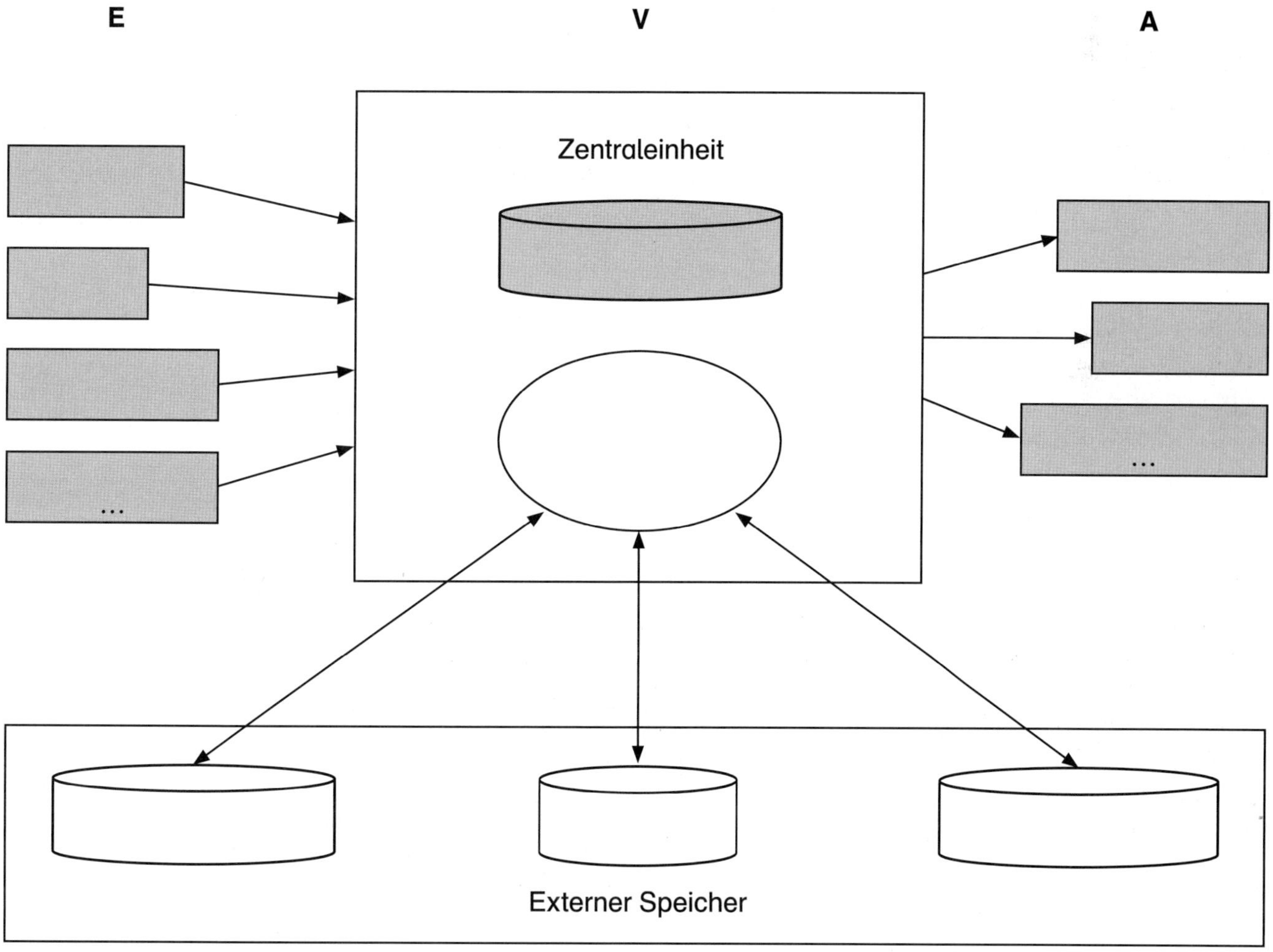

Aufgabe 3

Lege in deinem Verzeichnis einen Ordner „Prüfung“ an.

4. Welches sind Ausgabegeräte einer Computeranlage? Notiere mindestens zwei.

____

5. Wo kann ich Dateien speichern? Nenne wenigstens drei Möglichkeiten.

____

6. Beschreibe in Stichwörtern, wie du ein Programm (z. B. Paint) beendest.

____

Kreuze jeweils die richtige Lösung bei jeder Frage an!

7. Zum Löschen von falschen Eingaben gibt es auf der Tastatur zwei Tasten. Welche Taste löscht die Buchstaben links von der Schreibmarke (Cursor)?
   - ☐ Eingabetaste
   - ☐ Rücktaste
   - ☐ Entfernentaste

8. Welche Taste muss gedrückt werden, um von Kleinschreibung auf Großschreibung umzustellen?
   - ☐ Eingabetaste
   - ☐ Umschalttaste
   - ☐ Rücktaste

WIR
D

Checkliste

Mit diesem Arbeitsblatt kannst du dir einen Überblick darüber verschaffen, was in der Prüfung zum PC-Führerschein von dir erwartet wird.

Du kannst anhand dieser Liste für dich entscheiden, was du schon gut kannst, wo du vielleicht noch Hilfe brauchst und was du noch üben musst. Dementsprechend sollst du dann auch die passenden Aufgaben bearbeiten.

	ohne Hilfe	mithilfe	muss noch üben
Ein Dokument erstellen			
Seite einrichten: Ränder oben, unten, rechts und links			
Einen Text schreiben			
Texte im gewünschten Ordner speichern			
Markieren:			
o Zeile			
o Wort			
o Buchstaben			
Format: Schriftart festlegen (Arial/Times New Roman usw.)			
Format: fett, kursiv, unterstreichen			
Format: Zeichengröße ändern			
Format: linksbündig, zentriert, rechtsbündig, Blocksatz			
Markierte Zeichen farbig hervorheben			
Dokument abspeichern			
Textpassagen kopieren und an anderer Stelle einsetzen			
Textpassagen ausschneiden und an anderer Stelle einsetzen			
Bilder einfügen in Text (passend)			
Rechtschreibprüfung einsetzen			

Bevor du mit Word arbeiten kannst, musst du das Programm starten. Es gibt zwei Möglichkeiten:

❶ Vielleicht liegt das Icon (Zeichen) für das Programm Word schon auf dem Desktop. Dann klickst du dieses Zeichen an und das Programm wird gestartet.

❷ Das Icon für Word liegt nicht auf dem Desktop, dies wird meist der Fall sein. Dann sind folgende Schritte notwendig: Klicke nacheinander folgende Schaltflächen (Buttons) an:

1. Start 

2. Programme

3. Microsoft Word

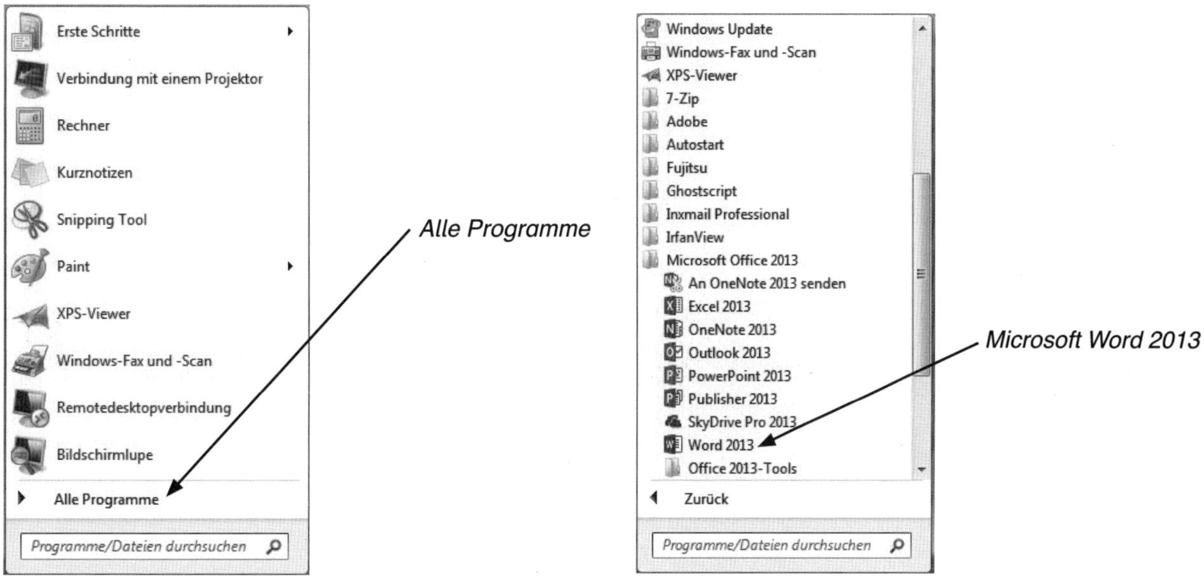

Jetzt siehst du diese Arbeitsfläche.

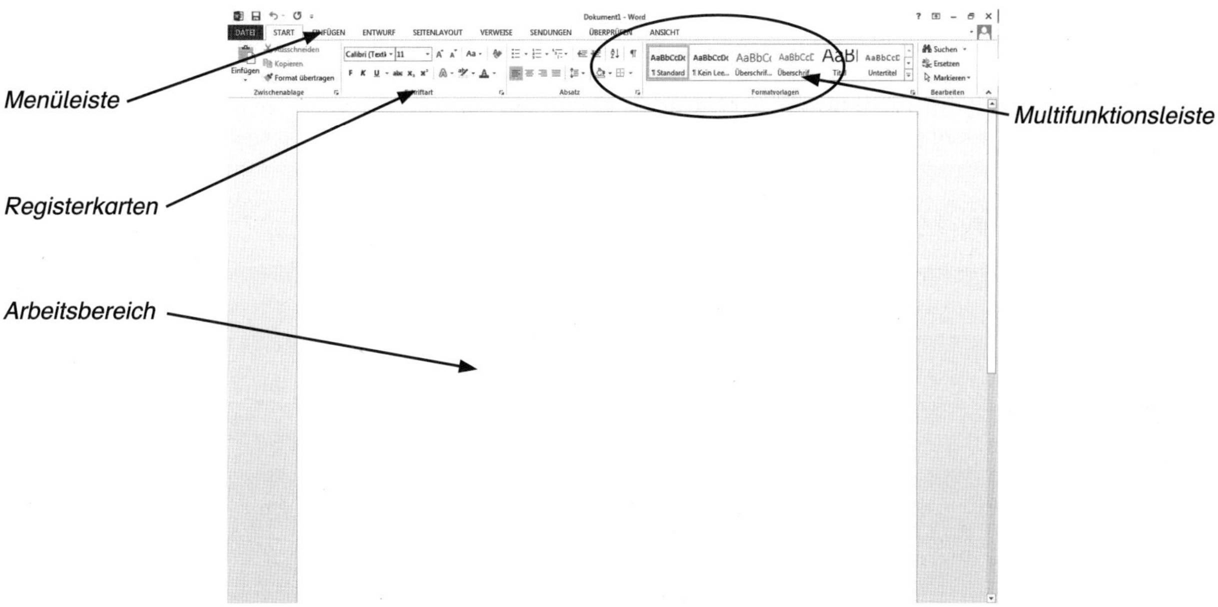

Um mit Word zu arbeiten, musst du ein neues Dokument anlegen oder ein vorhandenes öffnen.

Ein neues Dokument erstellen

Beim ersten Start von Word musst du als ersten Schritt ein neues Dokument anlegen. Dazu klickst du in der Menüleiste auf den Reiter *Datei*.

Es öffnet sich dieses Fenster.

Abbildung 1

Dort klickst du auf *Neu*.

Abbildung 2

Es gibt verschiedene Möglichkeiten.
Hier wählst du „Leeres Dokument" durch einen Klick aus und schon sieht der Bildschirm so (oder ähnlich) aus (Abb. 3):

Abbildung 3

Der blinkende Cursor (die Eingabemarkierung) zeigt dir die Position, an welcher du schreiben kannst. Probiere dies mit folgendem kleinen Text aus.

Aufgabe
Schreibe diesen Text als Fließtext ab. Die Absätze (außer bei der Überschrift) erstellt das Programm selbstständig.

> So schreibe ich Texte mit dem Computer
>
> Ich sitze im Informatikraum und tippe einen Text in den Computer. Am Ende der Zeile muss ich gar nichts machen, das erkennt der Computer alleine. Die Enter-Taste brauche ich nur, wenn ich einen neuen Absatz haben möchte. Wenn ich mich einmal vertippt habe, so kann ich den letzten Buchstaben löschen, wenn ich die Taste mit dem Pfeil nach links verwende. Wenn ich nachträglich einen Fehler verbessern möchte, kann ich den Cursor auch vor den falschen Buchstaben setzen und die Taste Entf drücken. Dann gebe ich den richtigen Buchstaben ein.

Wenn du mit dem Abschreiben fertig bist, speichere den Text in dem für dich vorgesehenen Verzeichnis oder Ordner folgendermaßen ab:
Datei → *Speichern unter* → als Dateinamen „So schreibe ich" (die Endung **docx** wird automatisch von Word 2013 angefügt) eingeben.

Der Text ist nun jederzeit in diesem Verzeichnis oder Ordner auffindbar und kann zur Bearbeitung geöffnet werden.

Um an einem Text weiter zu arbeiten, den du schon einmal geschrieben und abgespeichert hast, musst du diesen öffnen. Auf dem Bildschirm können dann Änderungen am Text erfolgen.

Dies geschieht in folgenden Schritten:

Aufgabe

1. Klicke auf den Reiter *Datei* in der Menüleiste. Klicke dann auf *Öffnen*.

   Es öffnet sich folgendes Fenster.

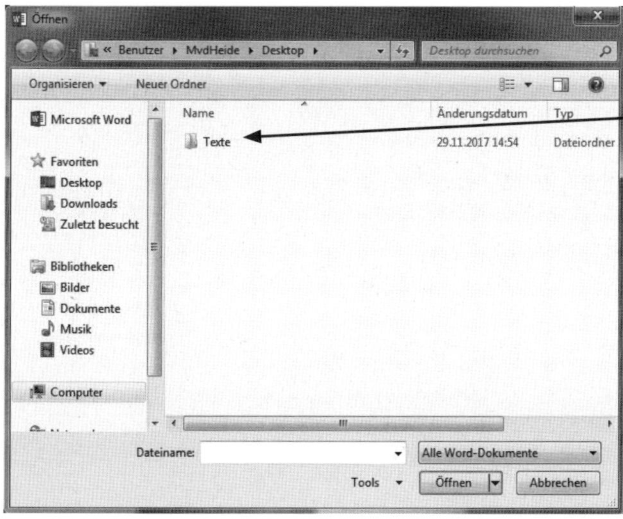

   Du siehst in diesem Fall das Verzeichnis „Texte" und alle Dateien, die in diesem Verzeichnis gespeichert sind.
   Klicke in deinem Verzeichnis auf die Datei „So schreibe ich", dann auf die Schaltfläche *„Öffnen"*.
   Jetzt erscheint der Text, den du geschrieben hast, auf deinem Bildschirm.

2. Ergänze den Text um folgende Sätze.

Ich kann jetzt nicht nur Texte mit dem Computer erfassen, sondern sie auch in meinem Verzeichnis abspeichern. Ich kann inzwischen auch Dateien, die ich abgespeichert habe, wieder öffnen und bearbeiten.

3. Speichere den gesamten Text jetzt unter dem Namen „Schreiben.docx" in deinem Verzeichnis ab.

Aufgabe

1. Erstelle ein neues Dokument.
   Schreibe den folgenden Text ab. Speichere ihn anschließend unter dem Namen „Papierkorb.docx“ ab. Kontrolliere genau, ob du alles richtig abgeschrieben hast.

> Untersuchung
>
> Nach einer neuesten Untersuchung an unserer Schule schreiben zurzeit fast 85,2% der Schüler ihre Hausaufgaben von ihren Mitschülern oder Mitschülerinnen ab. Unbestätigten Gerüchten zufolge, sollen sich schon zahlreiche Lehrer bereits beim Vorlesen zu Tode gelangweilt haben.
>
> Bei näherer Inaugenscheinnahme der in sich zusammengesunkenen Körper stellte sich jedoch bei Hinzuziehung eines eilig herbeigerufenen Arztes heraus, dass die betreffenden Lehrer nur eingeschlafen waren.

[Aus: Dreisbach: Textverarbeitung mit Winword2000]

2. Markiere nun den ersten Abschnitt des Textes. Setze dazu den Cursor vor das erste Wort. Verschiebe mit gedrückter linker Maustaste die Maus so, dass der komplette Abschnitt dunkel unterlegt ist. Drücke nun die Entf-Taste. Der komplette Satz ist verschwunden und der zweite Abschnitt wird hochgezogen.

   Stelle dir vor, dass du den Text gar nicht entfernen wolltest. Du hast dich nur geirrt. Nicht schlimm! Du brauchst den Text nicht neu einzugeben, sondern du kannst immer den letzten Befehl rückgängig machen. Klicke dazu einmal auf das entsprechende Symbol aus der Symbolleiste ↶. Und schon steht der Text wieder so da wie vorher.

   Die Entf-Taste löscht einen Textteil. Es ist aber häufig eleganter, den Text nur auszuschneiden. Wo liegt der Unterschied? Beim Löschen verschwindet der Text, er wird garantiert nicht mehr gebraucht. Beim Ausschneiden dagegen wird zwar auch der Text herausgeschnitten, er landet aber in einem Papierkorb bzw. in der sogenannten Zwischenablage. Er kann also jederzeit wieder hervorgeholt werden.

   Hervorgeholt wird der Text durch das Einfügen, und zwar genau dort, wo sich gerade der Cursor befindet.

Klicke einmal auf das Menü *Start* in der Menüleiste. Dort findest du die Registerkarte *Zwischenablage* mit den Befehlen *„Ausschneiden“, „Kopieren“, „Einfügen“* und *„Format übertragen“.*

Diese Befehle haben folgende Bedeutung:

- *„Ausschneiden“* schneidet einen markierten Text aus und verwahrt ihn in der Zwischenablage. Er steht dir weiterhin zur Verfügung.
- *„Kopieren“* lässt den Text an der Stelle stehen, verwahrt ihn aber zusätzlich noch in der Zwischenablage. Er wird also kopiert.
- *„Einfügen“* holt den verwahrten Text aus der Zwischenablage und setzt ihn genau an die Stelle, wo sich der Cursor befindet.

Und weil man diese Befehle so oft benötigt und weil sie so viel schneller erreichbar sind, sieht man sie auch in der Symbolleiste.

Ausschneiden	Die Schere steht dort für den Befehl *„Ausschneiden“*.
Kopieren	Das doppelte Blatt ist das Zeichen für *„Kopieren“*.
Einfügen	Die Unterlage mit dem darauf liegenden Blatt steht für den Befehl *„Einfügen“*. Oberer Teil: Den Inhalt der Zwischenablage einfügen. Unterer Teil: Hier werden weitere Optionen zum Einfügen gezeigt.

Bis zu 24 Dokumente können in der Zwischenablage gespeichert und anschließend wieder abgerufen werden. Selbstverständlich können auch Grafiken und Bilder in der Zwischenablage gespeichert werden.

Dazu klickst du auf die untere rechte Ecke in der Registerkarte *Zwischenablage*. Dann öffnet sich dieses Fenster. Jetzt kannst du die gewünschten Werte einfügen.

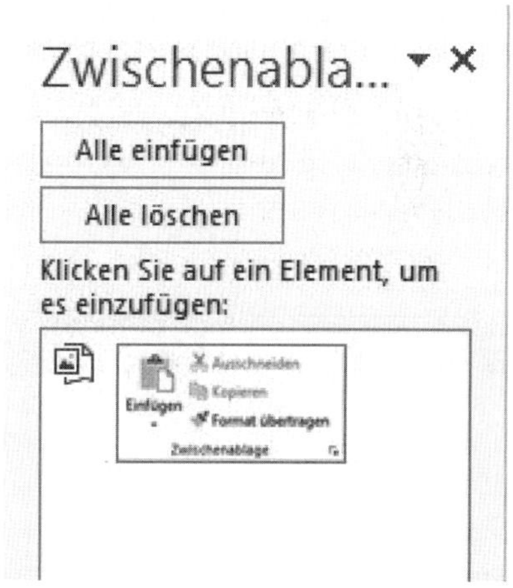

Öffne die Datei „Papierkorb.docx“.
Bearbeite den Text:

- Markiere den ersten Satz.
- Schneide ihn aus.
- Füge ihn am Ende des Textes ein.
- Markiere den dritten Satz.
- Kopiere ihn.
- Füge ihn am Ende des Textes ein.
- Markiere die drei Wörter „an unserer Schule“.
- Kopiere sie.
- Füge sie hinter der Überschrift ein.
- Speichere den neuen Text unter dem Namen „Untersuchung an unserer Schule.docx“ ab.

Sicher ist sicher! Speichere deine Texte!

Aufgabe

Erstelle ein neues Dokument. Damit du dich auf der Tastatur sicherer fühlst und sofort einige wichtige Tasten kennenlernst, schreibe jetzt den folgenden Text ab.

> Textverarbeitung mit dem Computer
>
> Inzwischen habe ich schon einiges gelernt und möchte das jetzt auch anwenden. Ich habe deshalb meinen Computer angestellt und das Textverarbeitungsprogramm Word gestartet. Wenn ich einen Text schreibe, muss ich mich hauptsächlich auf die Rechtschreibung konzentrieren. Das Programm weiß z. B. automatisch, wann eine Zeile zu Ende ist. Der Text springt dann sofort in die nächste Zeile. Die Enter-Taste brauche ich nur, wenn ich einen neuen Absatz haben möchte, damit der Text übersichtlicher wird. Auch ist es leicht, Fehler zu korrigieren, wenn ich mich ausnahmsweise doch einmal vertippt habe. Ich setze dann den Cursor vor den falschen Buchstaben und lösche ihn mit der Entf-Taste. Dann kann ich den richtigen Buchstaben eingeben. Bei einem Fehler kann ich den Cursor auch hinter den falschen Buchstaben setzen. Nun lösche ich den letzten Buchstaben, wenn ich die Taste mit dem Pfeil nach links verwende.

Wenn du den Text abgeschrieben hast, solltest du ihn auch abspeichern. Es kann sein, dass du den Text noch einmal brauchst. Oder es kann Probleme beim Drucken geben. Dann benötigst du den Text wieder.

Das Speichern geht so:
Klicke auf den Reiter *Datei* in der Menüleiste. Klicke dann auf *Speichern unter*. Es öffnet sich dieses Fenster.
Hier wählst du den Ort und das Verzeichnis.

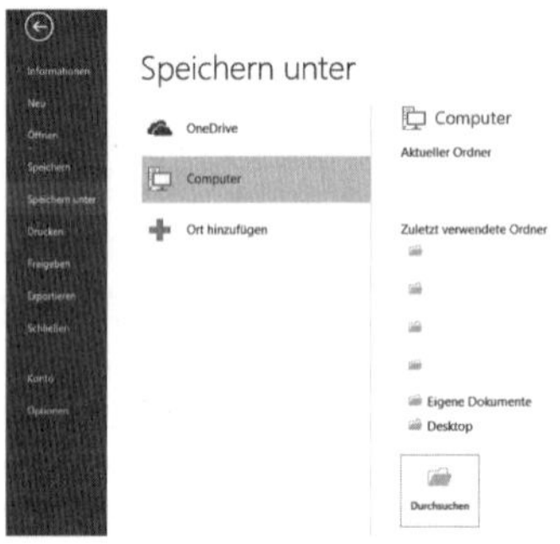

Jetzt öffnet sich dieses Fenster:

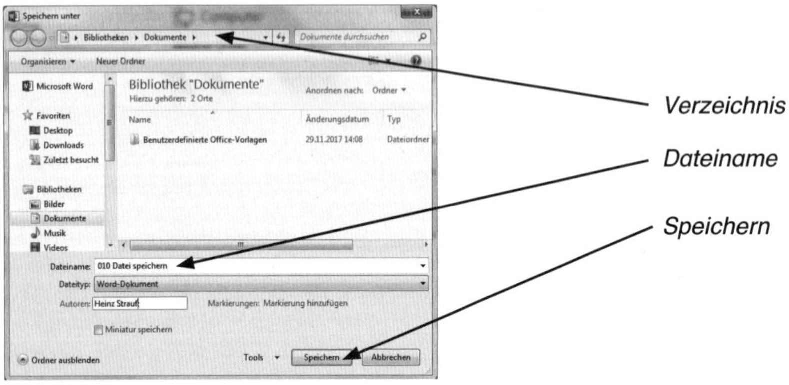

In dem oberen Feld siehst du den Ort, wo der Text abgespeichert wird. In diesem Fall ist es das Verzeichnis „Dokumente“.
Vor dem ersten weißen Feld unten steht: Dateiname. In dieses weiße Feld gibst du jetzt den Namen ein, unter dem du das Dokument, den Text, abspeichern sollst. Dabei wird die Endung docx von Word automatisch vergeben.

Anschließend klickst du auf den Button Speichern und das Dokument steht dir jetzt immer zur Verfügung.

Wie funktioniert das Ausdrucken eines Dokuments?

Wie so oft gibt es bei Word mehrere Möglichkeiten.

1. In der Symbolleiste findest du dieses Zeichen: .
   Wenn du es anklickst, wird das Dokument, das gerade auf deinem Bildschirm ist, ohne weitere Rückfrage ausgedruckt.

2. Du gehst über den Weg: *Datei* → *Drucken*. Dann öffnet sich ein Fenster, das ungefähr so (Abb. 1) aussieht. Du hast jetzt noch einige Möglichkeiten, Einstellungen vorzunehmen;
   z. B. kannst du den gewünschten Drucker auswählen, wenn mehrere Drucker installiert sind.
   Du kannst anklicken, ob du das gesamte Dokument ausdrucken willst oder nur eine Seite oder den Teil, den du markiert hast.
   Auch die Anzahl der Exemplare kann ausgewählt werden.

   Unter dem Punkt Druckereigenschaften (Abb. 2) kannst du bestimmen, in welcher Qualität der Ausdruck erfolgen soll: Stark, Standard, Entwurf oder Benutzerdefiniert. Hier kannst du z. B. Entwurf anklicken, wenn du den Ausdruck für eine Überarbeitung brauchst. Wenn du das Dokument aber für deinen Ordner ausdrucken willst, solltest du auf jeden Fall „Standard" wählen.Für Bewerbungen beispielsweise ist die höchste Druckqualität empfehlenswert.

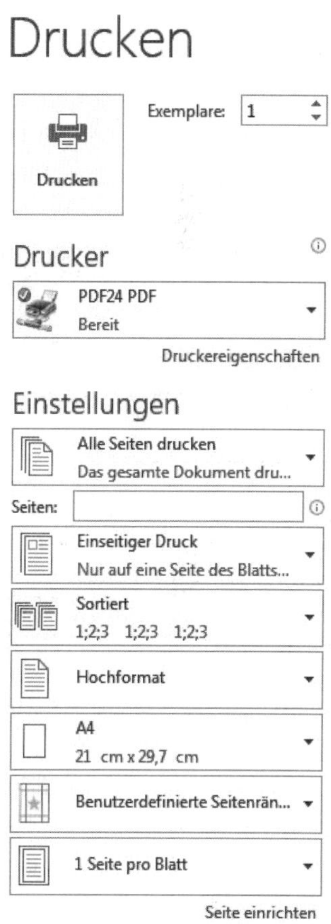

Abb. 1

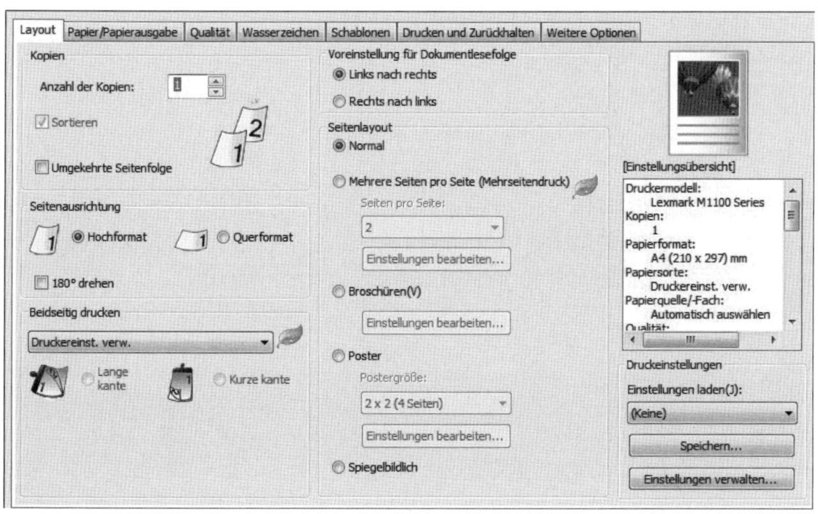

Abb. 2

Aufgabe

Öffne dein Dokument „Papierkorb.docx" und drucke es aus.

Um wichtige Passagen eines Textes beim nochmaligen Überfliegen schnell wiederzufinden, kann man diese hervorheben.
Es kommt auch vor, dass du im Text Änderungen vornehmen möchtest: z. B. ein Wort **fett** drucken oder einige Wörter unterstreichen.
Manchmal kann es auch sinnvoll sein, einen Satz oder einen Abschnitt in einer anderen Schriftart oder in einer anderen Schriftgröße zu schreiben.
In diesen Fällen ist es notwendig, den Text an diesen Stellen zu markieren und dann die gewünschte Formatierung vorzunehmen.

Aufgabe

1. Wenn du ein Wort hervorheben willst, machst du das so:
   Du gehst mit dem Cursor auf das Wort und machst einen Doppelklick. Und schon ist das Wort markiert. Außerdem erscheint ein *Kontextmenü* zur Formatierung dieses Wortes.
   Der Text kann dann auf dem Bildschirm so aussehen:
   In diesem Satz ist nur ein Wort hervorgehoben.
   In diesem Satz sind die Wörter hervorgehoben, die Namenwörter sind.

Markieren von mehreren Wörtern:
- Entweder mit der gedrückten linken Maustaste alle Wörter markieren,
- oder mit gedrückter Shift-Taste und einer Pfeil-Taste die gewünschten Wörter markieren.

2. Etwas anders gehst du vor, wenn du eine ganze Zeile markieren willst. Dazu gehst du mit dem Cursor vor die gewünschte Zeile. Die Form des Cursors: aus dem senkrechten Strich wird ein Pfeil. Wenn du jetzt klickst, ist die entsprechende Zeile markiert.
   Wenn du in deinem Text wichtige Stellen hervorheben möchtest, so wie du es mit dem Textmarker gewöhnt bist, gehst du so vor:

Die Wachau

Die Wachau ist die Bezeichnung des Donautals zwischen Melk und Krems. Sie gehört morphologisch zu dem „Österreichischen Granit- und Gneisplateau", welches mit etwa 8500 km² ca. 10% des Bundesgebietes einnimmt. Dabei erstreckt sich die Wachau über eine Länge von 32 km und zeichnet sich aus durch ein ständiges Abwechseln von weiten und engen Durchbrüchen, die eine Fahrt durch das Donautal so abwechslungsreich werden lässt. Die Wachau und die angrenzenden Landschaften nehmen eine Fläche von rund 650 km² ein, wovon auf das eigentliche Donautal etwa ein Drittel entfällt. Es ist dies der verhältnismäßig enge – und bis zu 400 m tiefe Talraum – in dem die Donau den Dunkelsteiner Wald (500 – 700m) im Süden vom Waldviertel (700-1000m) im Norden trennt.

3. Markiere die gewünschte Textstelle und klicke anschließend auf das Symbol **„Hervorheben"** in der Registrierkarte *Schriftart*.
   Der markierte Bereich wird in der eingestellten Neonfarbe markiert.
   Diese Farbe kannst du ändern, indem du auf den Rollpfeil neben dem Symbol klickst; dann kannst du die gewünschte Farbe anklicken.

4. Schreibe einen kurzen Text zu einem Thema deiner Wahl – lass deinen Nachbarn die wichtigsten Stellen im Text markieren.
   Speichere den Text unter dem Namen „Wahl.docx" ab.

Du hast viele Möglichkeiten, deine Texte mit verschiedenen Schriftarten abwechslungsreich zu gestalten.
Dabei gibt es die unterschiedlichsten Schriftarten: Gebräuchlich sind die Schriften Arial und Times New Roman. Versuche jetzt, kreativ mit den verschiedenen Schriftarten umzugehen.

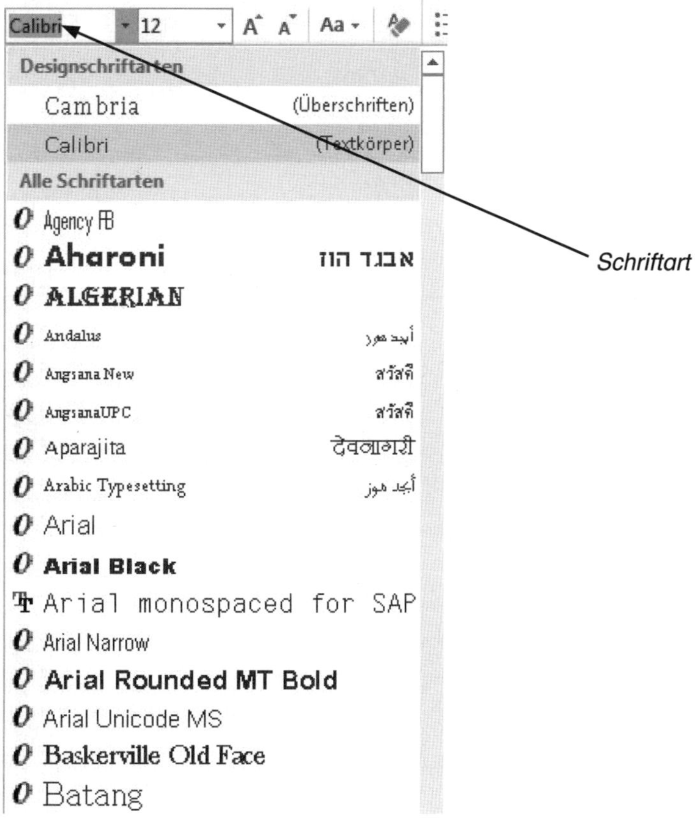

Aufgabe
Erstelle ein neues Dokument.
Schreibe die folgenden Firmennamen ab.

Das Kinderparadies
Ulmia Haushaltswaren
Drogerie Dannemann
Bennys BioLaden
NewsPlace
Gloria-Palast
Regenbogenschule
Das Papierlädchen
Die CD-Ecke
Die Stadtbücherei
Chic & Anmut
Hard & Soft

Beispiel:

Das Kinderparadies

Suche jeweils eine passende Schrift aus.

Wenn du auf den Rollpfeil in der Symbolleiste neben der aktuellen Schriftart klickst, siehst du, welche verschiedenen Schriften auf dem Computer verfügbar sind. Entscheide dich dann bei jedem Firmennamen für eine passende Schrift.

Speichere das Ergebnis unter dem Namen „Firmennamen.docx“ in deinem Verzeichnis ab.

Aus Büchern, der Zeitung und Zeitschriften kennst du verschiedene Möglichkeiten, wie ein Text gestaltet sein kann. Hier drei Beispiele.

Beispiel 1	Beispiel 2	Beispiel 3
Heute Morgen gegen 7:30 Uhr fuhr ein PKW mit überhöhter Geschwindigkeit über die Oberstraße. Dabei wurde er von der Polizei mit einer Radarpistole gemessen: 84 km/h. Die Polizei stoppte den Raser.	Heute Morgen gegen 7:30 Uhr fuhr ein PKW mit überhöhter Geschwindigkeit über die Oberstraße. Dabei wurde er von der Polizei mit einer Radarpistole gemessen: 84 km/h. Die Polizei stoppte den Raser.	Heute Morgen gegen 7:30 Uhr fuhr ein PKW mit überhöhter Geschwindigkeit über die Oberstraße. Dabei wurde er von der Polizei mit einer Radarpistole gemessen: 84 km/h. Die Polizei stoppte den Raser.

Der Text 1 ist so geschrieben, wie du es gewohnt bist; in der Fachsprache heißt das „linksbündig". Der Text ist am linken Rand ausgerichtet; rechts hat er einen „Flatterrand". Wenn der Text nur am rechten Rand bündig ist (das kommt nur selten vor), so spricht man von „rechtsbündig".
So wie der Text 2 hier erscheint, werden oft Gedichte geschrieben; der Text steht genau in der Mitte des Kastens; er ist „zentriert".
Der Text 3 steht so im Kasten, wie du es von der Zeitung her gewohnt bist, meist auch aus Büchern. Der Text wird auf die ganze Zeile verteilt, sodass der Rand links und rechts glatt ist; wir sagen dazu „Blocksatz".

Für diese vier Möglichkeiten, Absätze zu formatieren, gibt es Symbole auf deinem Bildschirm.
Unter *Start* (in der Menüleiste) findest du in der Multifunktionsleiste die Registerkarte *Absatz* und dort diese Zeichen:

Linksbündig Zentriert Rechtsbündig Blocksatz

Eine zweite Möglichkeit ist, in der Registerkarte Absatz auf den kleinen Pfeil rechts unten im Menü zu klicken. Es öffnet sich das Fenster *Absatz.*

Eine dritte Möglichkeit, diese Formatierungen durchzuführen, besteht darin, dass du folgende Schritte nacheinander ausführst:
Den zu formatierenden Text markieren
→ Rechtsklick → *Absatz.*

Wenn du dort den Rollpfeil anklickst, findest du genau diese vier Formatierungsmöglichkeiten wieder:

- Links
- Zentriert
- Rechts
- Blocksatz.

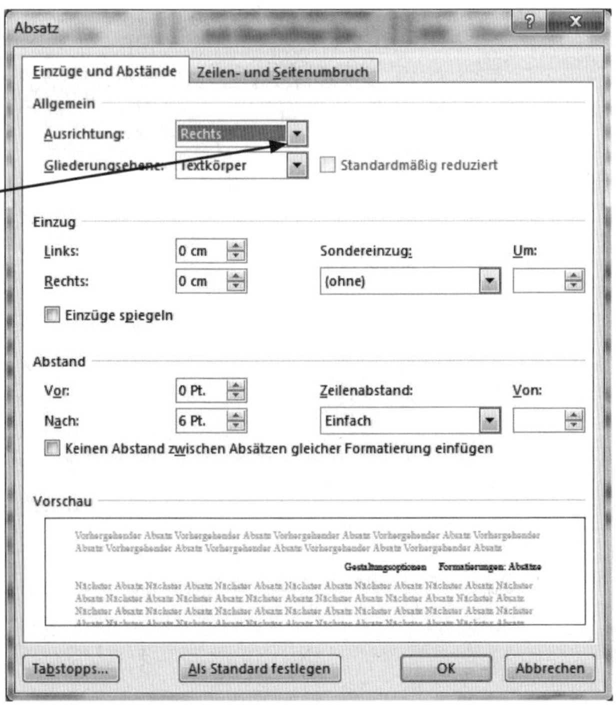

Bei allen Texten ist es wichtig, dass du sie richtig schreibst. Wenn du dir im Unterricht nicht im Klaren bist, wie ein Wort geschrieben wird, kannst du in einem Wörterbuch nachschlagen. Bei Word hast du die Möglichkeit, schnell deinen Text zu überprüfen und ihn zu korrigieren.

Peter hat für seinen Freund Markus die Tabelle der Fußball-Bundesliga abgeschrieben. Sie sieht an einigen Stellen so aus:

1. Bayern Münnchen
4. Bayer Leberkusen

„Mensch, Peter, hast du noch nichts von Rechtschreibung gehört?"
Peter hat den Text gespeichert und öffnet ihn. Er sieht, dass die beiden Wörter „Münnchen" und „Leberkusen" rot unterschlängelt sind. Word hat (in seiner automatischen Rechtschreibprüfung) gemerkt, dass diese Wörter falsch geschrieben sind. Wie kann Peter die Fehler beheben?

Er geht mit dem Cursor in dem Wort Münnchen hinter das zweite n. Mit der Rückpfeil-Taste löscht er das zweite n.
Jetzt geht er mit dem Cursor vor das b in dem Wort Leberkusen. Mit der Taste „Entf" wird das b gelöscht und er kann das v eingeben.

Merke: Mit der Rückpfeil-Taste 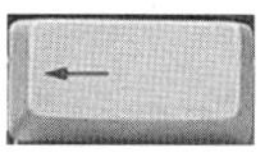 wird das Zeichen links vom Cursor gelöscht.

Mit der Entf-Taste 

wird das Zeichen rechts vom Cursor gelöscht.

Damit aus Versehen kein Text überschrieben wird, ist in Word 2013 standardmäßig der Einfügemodus eingeschaltet. Es gibt auch die Möglichkeit, den Überschreibmodus zu aktivieren, sodass der Text rechts neben dem Cursor sofort überschrieben wird.
Dazu gehst du so vor.
Datei → Optionen → Erweitert.
Dort setzt du ein Häkchen vor „EINFG-Taste zum Steuern ...". Dann kannst du mit der EINFG-Taste zwischen den beiden Möglichkeiten umschalten.

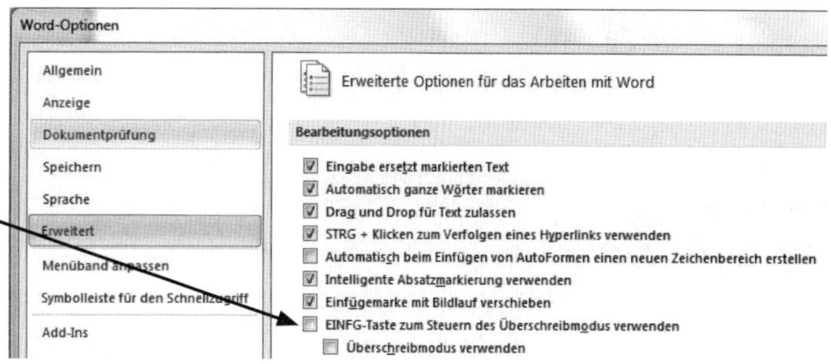

Aufgabe
Erstelle ein neues Dokument. Schreibe diesen kurzen Text mit den Fehlern ab.

Musik ist etwas schönes. Die einen mögen Klassische Musik, die anderen schwermen für Schlager, manche höhren Volksmusik, viele englische Schlager. Die Lieblings Musik kann man äntweder auf einer CD kaufen oder man lät sie sich im Internett herunter.

Korrigiere jetzt die Fehler.

Ergänze an passenden Stellen diese Wörter:
deutsche, lieben, gegen Bezahlung
und speichere den Text unter dem Namen „Musik.docx" ab.

Vielleicht ist dir schon aufgefallen, dass die Arbeitsblätter, die du bereits durchgearbeitet hast, genau den gleichen Aufbau haben. Ebenfalls sind die Seitenränder auf allen Seiten exakt gleich groß. Solche Gestaltungsmerkmale sind für die Hersteller vor dem Druck eines Buches sehr wichtig:

- Wie weit entfernt soll der Text vom Blattrand gesetzt werden?
- Wie groß soll der Rand auf der linken Seite sein? Wie groß auf der rechten?
- Wie groß der untere Rand?

Damit alle Seiten einer Zeitung (oder eines Buches) den gleichen Aufbau haben, stellt man diese Maße zu Beginn einmal ein. Dazu gehst du wie folgt vor:

Aufgabe
Klicke auf Registerkarte *Seitenlayout* →
Gruppe *Seite einrichten* → *„Seitenränder“*

Folgendes Fenster öffnet sich:

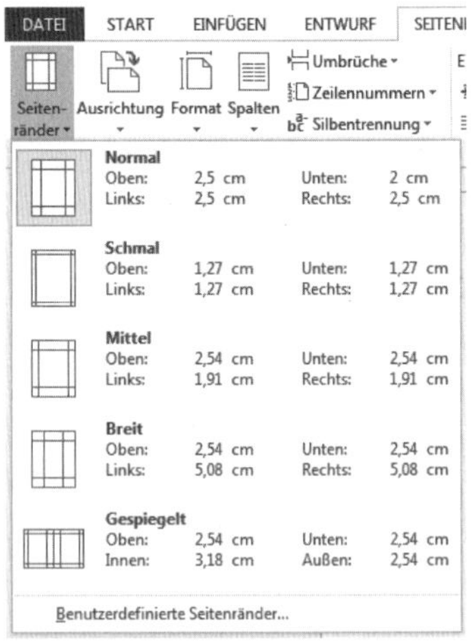

Es werden dir hier einige Standardvorgaben angeboten.
Wenn du eine andere Einstellung wünschst, klickst du das Feld „Benutzerdefinierte Seitenränder“ an.

Dann öffnet sich dieses Fenster.

Jetzt gibst du entweder über die Rollpfeile oder durch die direkte Eingabe in das farbig unterlegte Feld die Größe des gewünschten Randes ein.
Gib für alle vier Ränder (oben, unten, rechts, links) den Wert 2,5 cm ein. Mit der Tabulatortaste wechselst du die Felder.
Diese Einstellungen gilt jetzt für den Text, den du schreibst; du kannst die Einstellung aber auch als Standard für alle deine Texte übernehmen. Klicke dazu die Schaltfläche „Standard“ an.

In der Registerkarte *Seitenlayout*, Gruppe *Seite einrichten* findest du auch den Punkt „Ausrichtung“. Normalerweise schreibst du so, wie es auch in diesem Buch der Fall ist: das Blatt ist im **Hochformat**. Für eine Einladung oder ein bestimmtes Blatt für eine Hausaufgabe kann aber vielleicht das **Querformat** passender sein. Dann klickst du das entsprechende Feld an und du hast das Blatt quer auf dem Bildschirm zur Bearbeitung vorliegen.

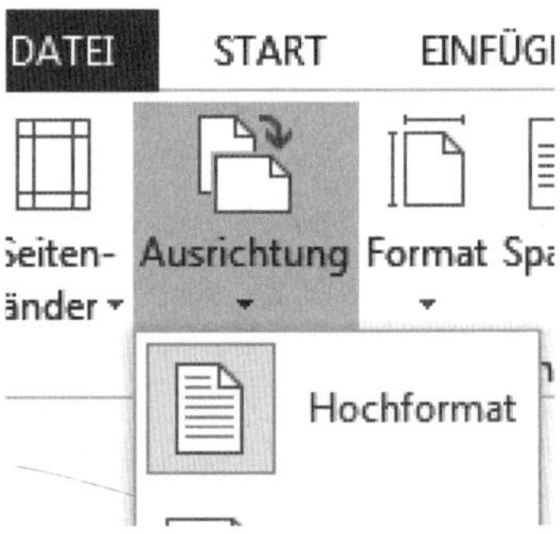

Je mehr Text auf einer Seite steht, umso anstrengender ist es, diesen zu lesen. Deshalb ist es eine gute Möglichkeit, längere Texte durch Grafiken oder Bilder aufzulockern. Du kannst entweder Bilder einfügen, die auf deinem Rechner gespeichert sind oder du suchst passende Bilder im Internet (dazu bieten sich die Suchmaschinen Bing oder Google an).

Aufgabe
Erstelle ein neues Dokument.
Schreibe einen kurzen, informativen Text über die Nordsee. Wichtige Informationen darüber findest du im Internet oder in entsprechenden Büchern.

Bild einfügen
Um ein Bild in deinen Text einzusetzen, klickst du im Startmenü in der Gruppe **Illustrationen** auf *Einfügen → Bilder.*

Jetzt suchst du auf deinem Rechner das Verzeichnis, in dem du die passenden Bilder gespeichert hast; in diesem Fall „Beispielbilder“. Wenn du dieses Verzeichnis anklickst, öffnet sich dieses Fenster.
Nun suchst du das passende Bild aus, klickst es an und bestätigst die Auswahl mit *„Einfügen“.*

Das Bild ist nun in deinem Word-Dokument und du kannst es bearbeiten.

Gehe weiter so vor:

- Das Bild wird dorthin gesetzt, wo der Mauszeiger steht. Es ist aber zu groß. Außerdem wird der Text dadurch auseinander geschoben.
- Klicke deshalb einmal in das Bild. Du siehst jetzt einen Rahmen, der um das Bild gesetzt wird. Dieses Rechteck hat acht sogenannte Anfasser, mit denen du das Bild vergrößern oder verkleinern kannst.
- Setze deinen Mauszeiger an einen Eckanfasser und verschiebe den Eckpunkt mit gedrückter Maustaste so, dass das Bild kleiner wird. Wenn du einen der Eckanfasser nimmst, bleiben die Seitenverhältnisse der Grafik erhalten.
- Klicke mit der linken Maustaste auf das Bild, wähle das Menü *„Format“* und klicke auf „Position“ in der Karteikarte *„Anordnen“.* Wähle das Symbol, wo der Text um das Viereck fließt. Wenn du das Dialogfeld verlässt, fließt der Text um das Bild.

Jetzt kannst du das Bild auf deiner Seite frei bewegen. Du setzt den Mauszeiger auf den Rand, bis er sich in einen Doppelpfeil verwandelt. Mit gedrückter linker Maustaste kannst du nun das Bild verschieben. Sobald du die Taste loslässt, fließt der Text auch wieder richtig um das Bild.

Eine Grafik einfügen

Wenn du ein Bild oder eine Grafik aus dem Internet einfügen möchtest, gehst du so vor:
Im Menü **Einfügen** klickst du in der Gruppe *Illustrationen* den Button Onlinegrafiken an.

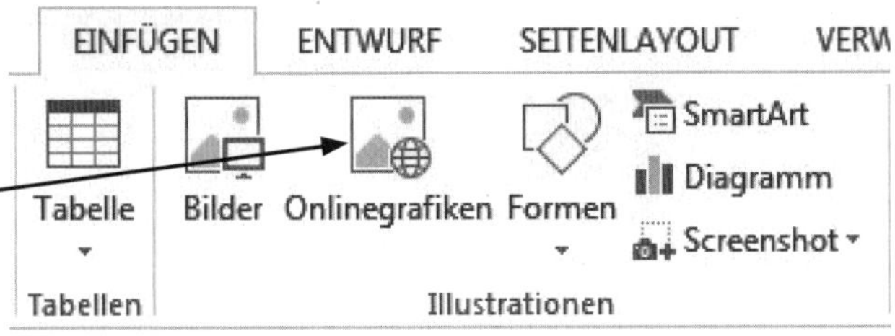

Abb. 1

Es öffnet sich dieses Fenster (Abb. 2). Mithilfe des Browsers Bing kannst du nun Grafiken (und Bilder) suchen, indem du in das Feld „Bing Suche" den Begriff schreibst, nach dem Bing suchen soll; in unserem Beispiel „Wasser".

Die Eingabe schließt du ab, indem du auf die Lupe klickst.

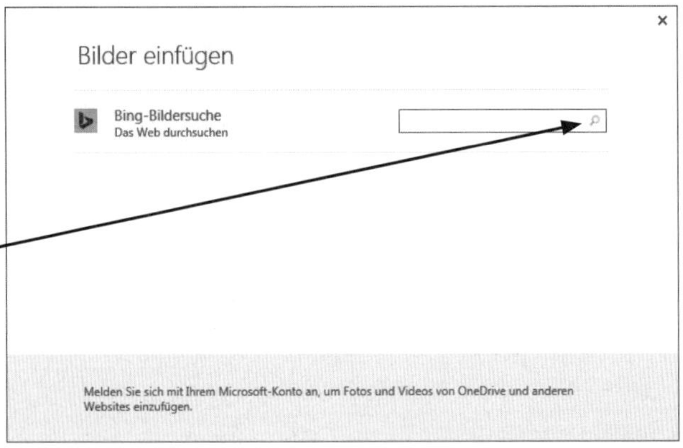

Abb. 2

Nun öffnet sich ein ähnliches Fenster mit Grafiken zum gewünschten Thema. Bing hat eine Vorauswahl getroffen, indem es dir Grafiken vorschlägt, die du kostenlos in dein Dokument einbinden kannst („Creative Commons"). Bei der Auswahl bestätigst du, dass du die entsprechenden Vorschriften einhältst.

Abb. 3

Wenn du dich für eine Grafik entschieden hast,
klickst du auf *„Einfügen"* und die Grafik ist in deinem Dokument.

Die weiteren Schritte findest du auf der vorherigen Seite.

Aufgabe
Schreibe einen kurzen Text über die Nordsee.
Suche im Internet ein passendes Bild und speichere es ab.
Suche über Bing eine passende Grafik.
Binde Bild und Grafik in dein Dokument ein und speichere es unter dem Namen „Nordsee.docx" ab.

Du hast im ersten Kapitel schon gelernt, wie du nach der Arbeit mit dem Computer den Rechner herunterfährst und ihn ausschaltest.
Wie ist das nun, wenn du deine Arbeit mit Word beenden willst?

1. Überprüfe zunächst, ob du deinen Text auch gespeichert hast. Wenn du dir nicht ganz sicher bist, speichere ihn lieber noch einmal ab.

2. Nun klickst du auf *Datei*. Folgendes Fenster öffnet sich.

   Auf der linken Seite siehst du den Punkt *„Schließen"*. Damit wird dein Text geschlossen (den du vorher gespeichert hast), aber Word noch immer nicht beendet. Du kannst nun an dem Text weiterarbeiten, den du zuletzt bearbeitet hast.

Wie kannst du Word ebenfalls beenden?

____

Nun musst du entscheiden, ob du mit einem anderen Programm weiterarbeiten möchtest oder ob du die Arbeit mit dem Rechner vollständig beendest. Dann musst du die Schritte aus dem ersten Kapitel gehen:

Start → Herunterfahren

Aufgabe 1

1. Öffne die Datei „So schreibe ich.docx“

2. Ergänze den Text noch um folgende Zeilen (in einem neuen Absatz):
   Heute schreibe ich meinen Zwischentest zur Textverarbeitung Word. Jetzt kann ich zeigen, was ich in den letzten Stunden gelernt habe. Es ist doch gar nicht so schwer, Texte mit dem Computer zu schreiben. Word hilft dabei doch sehr. Ich bin sicher, dass ich gut abschneiden werde.

3. Korrigiere Rechtschreibfehler.

4. Formatiere den gesamten Text in einer Schrift deiner Wahl, z. B. Trebuchet MS, und der Größe 11 pt.

5. Gestalte den ersten Abschnitt als Blocksatz.

6. Gestalte den zweiten Abschnitt linksbündig.

7. Unterstreiche die folgenden Wörter: Computer, Textverarbeitung, Buchstaben.

8. Für das Wort Textverarbeitung verwende Schriftgröße 14 pt.

9. Gestalte die Überschrift *„So schreibe ich Texte mit dem Computer“* farbig (rot oder blau) und in Schriftgröße 20, in der Schriftart Century Gothic und **fett**.

10. Füge eine Clipart zum Thema Computer ein, und zwar an den rechten Rand, neben dem Text.

11. Speichere den Text in deinem Ordner unter dem Namen „Word Test.docx“.

12. Drucke das Dokument aus.

Aufgabe 2
Welche Tastenkombination ist für

a) Kopieren ______________________________

b) Ausschneiden ______________________________

c) Einfügen ______________________________

zuständig?

Excel
Nr.
Tag
Wetter
1
Montag
Sonne
2
Dienstag
Nebel
3
Mittwoch
Schnee
4
Donnerstag
Hagel
5
Regen
APRIL

Mit diesem Arbeitsblatt kannst du dir einen Überblick darüber verschaffen, was in der Prüfung zum PC-Führerschein von dir erwartet wird.

Du kannst anhand dieser Liste für dich entscheiden, was du schon gut kannst, wo du vielleicht noch Hilfe brauchst und was du noch üben musst. Dementsprechend sollst du dann auch die passenden Aufgaben bearbeiten.

	ohne Hilfe	**mithilfe**	**muss noch üben**
Eine Arbeitsmappe anlegen			
Eine Arbeitsmappe im gewünschten Ordner speichern			
Markieren:			
o Zeile			
o Zelle			
o Spalte			
Einfache Rechenbefehle kennen			
Formatierung von Zellen (z. B. Währungsformat)			
In einer Arbeitsmappe Rechenoperationen einbinden			
Befehle für die Addition und Subtraktion kennen und anwenden			
Befehle für die Multiplikation und Division kennen und anwenden			
Säulendiagramme (mithilfe des Assistenten) erstellen			

Bevor du mit Excel arbeiten kannst, musst du das Programm starten. Es gibt zwei Möglichkeiten.

❶ Vielleicht liegt das Icon (Zeichen) für das Programm Excel schon auf dem Desktop. Dann klickst du dieses Zeichen an und das Programm wird gestartet.

❷ Das Icon für Excel liegt nicht auf dem Desktop, dies wird meist der Fall sein. Dann sind folgende Schritte notwendig:
Klicke nacheinander folgende Schaltflächen (Buttons) an:

1. Start 

2. Programme

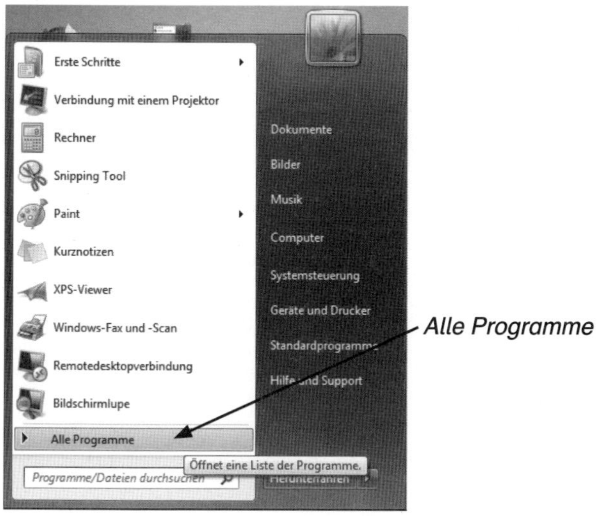

3. Microsoft Excel

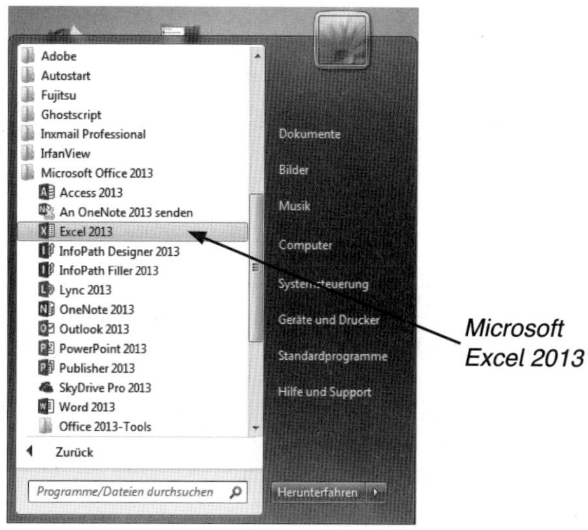

Jetzt siehst du diese Arbeitsfläche auf deinem Bildschirm.

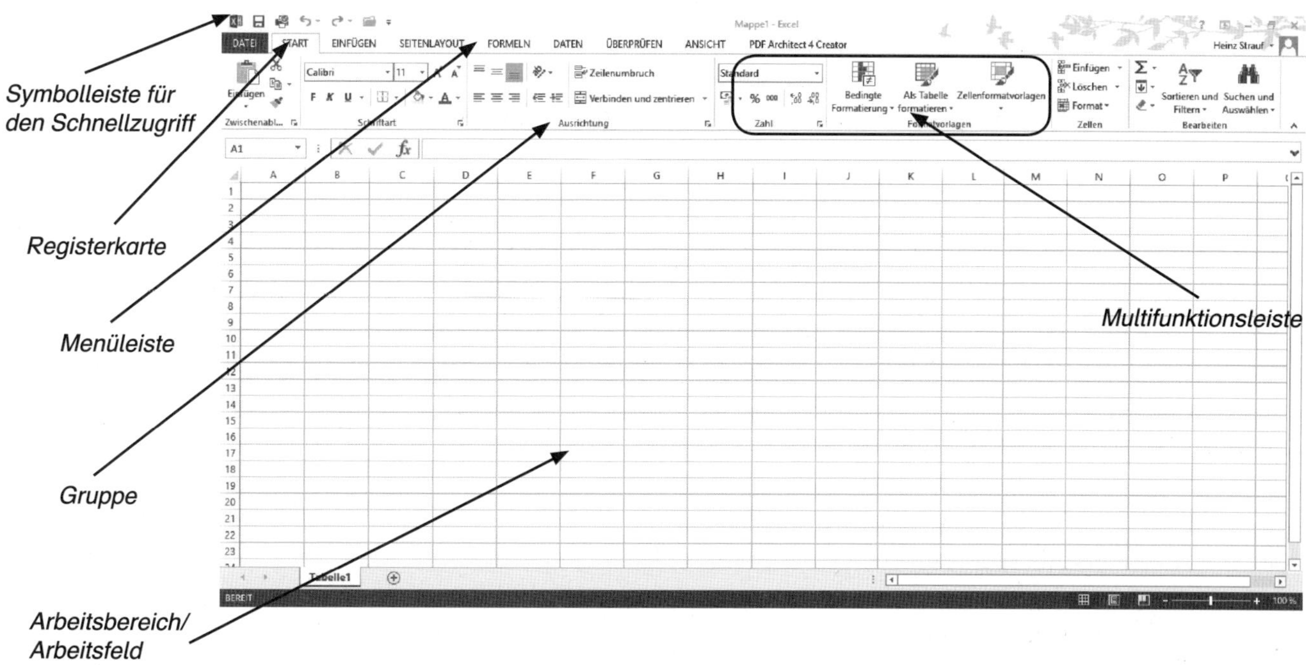

Um mit Excel arbeiten zu können, musst du eine neue Arbeitsmappe anlegen oder eine vorhandene öffnen.

Eine Arbeitsmappe anlegen

Beim Start von Excel musst du eine neue Arbeitsmappe anlegen. Dazu klickst du auf den Reiter Datei.

Es öffnet sich dieses Fenster.
Dort klickst du auf *Neu* und auf *Leere Arbeitsmappe*.
Und schon sieht der Bildschirm so (oder ähnlich) aus:

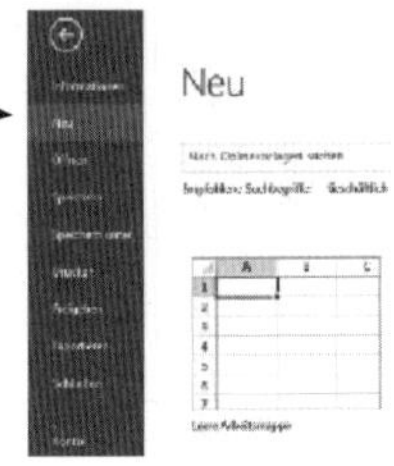

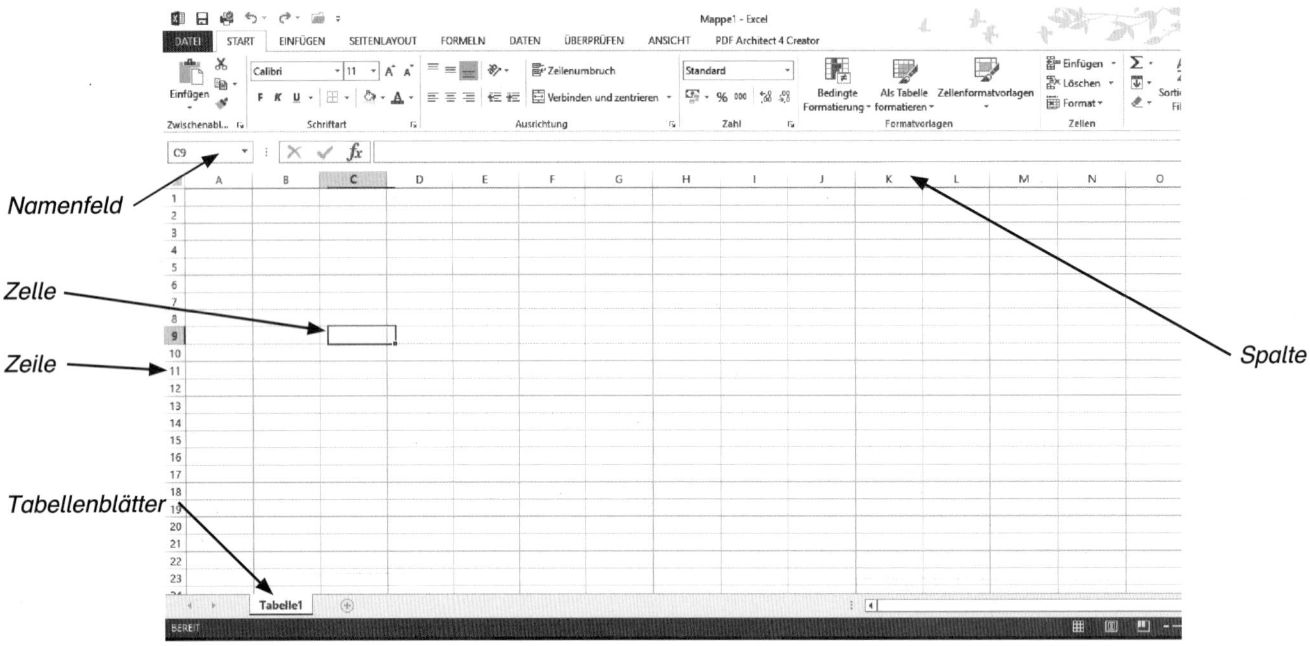

Damit du in diesem Heft alle Aufgaben verstehst, müssen drei wichtige Begriffe erklärt werden. In der oberen Zeile des Rechenblattes findest du eine Zeile mit Großbuchstaben (A, B, C, D usw.). Mit ihnen werden die Spalten benannt.

Am linken Rand siehst du Zahlen (1, 2, 3, 4 usw.). Mit ihnen werden die Zeilen gekennzeichnet.

Durch die Spalten und Zeilen wird ein Gitternetz über den Bildschirm gelegt, so wie du es vielleicht von dem Spiel „Schiffe versenken" kennst. Jedes „Kästchen" kann man durch die Spalte und die Zeile genau festlegen. Diese „Kästchen" nennt man in Excel Zellen. Die Zelle, in der du gerade arbeitest, ist jeweils mit einem dickeren Rand umlegt, in unserem Fall ist es die Zelle A1. Im Namenfeld kannst du ablesen, in welcher Zelle du dich gerade befindest.

Diese drei Begriffe musst du lernen, weil wir sie immer wieder brauchen:
- Spalte
- Zeile
- Zelle

Schließlich findest du am unteren linken Rand die Tabellenblätter; jede neue Arbeitsmappe besteht anfangs aus drei Tabellenblättern, zwischen denen man hin- und herwechseln kann.
Du kannst den drei Tabellenblättern auch eigene Namen geben (Doppelklick auf den Namen, den neuen Namen eingeben und mit „Enter" bestätigen), sie aber auch löschen oder neue hinzufügen.

Aufgaben

Öffne eine neue Arbeitsmappe in Excel.

Bewege den Cursor in die obere Zeile (die Menüleiste). Dort stehen unter anderem die Begriffe „Datei“, „Formeln“ und „Tabelle“.

Zeichne den Mauszeiger: 

So kennst du den Cursor auch aus anderen Programmen.

Neu ist, wie der Cursor erscheint, wenn du ihn über das Rechenblatt bewegst; dann sieht er etwa so aus:

So erscheint er innerhalb des aktiven Rechenblattes, aber auch, wenn du Stellen in dem Rechenblatt markierst.

Wenn du eine Spalte (oder Zeile) markieren möchtest, gehst du mit dem Cursor z. B. auf den Buchstaben C. Jetzt sieht der Cursor so aus:

Noch anders erscheint der Cursor, wenn du in einer Zelle schreibst und dort Änderungen vornehmen willst. Dann sieht der Cursor so aus:

Wenn du schon mit Microsoft Word gearbeitet hast, kennst du den Cursor in dieser Form. Auch hier erscheint der Cursor so, wenn du an einer Stelle im Text eine Veränderung, Ergänzung vornehmen willst.

Wenn du im Spaltenkopf den Cursor z. B. genau auf die Linie zwischen den Buchstaben B und C stellst, verändert er wieder sein Aussehen und sieht etwa so aus:

Wenn du jetzt die linke Maustaste gedrückt hältst, kannst du die Breite der Spalten verändert. Genauso gehst du vor, wenn du die Höhe der Zeilen verändern willst.

Schließlich kann der Cursor noch diese Form annehmen:

Dies geschieht, wenn du den Mauszeiger (Cursor) auf die untere rechte Ecke der aktiven Zelle bewegst. Du wirst später noch erfahren, für welche Funktionen dieser Befehl gebraucht wird.

Daten in eine Arbeitsmappe eingeben

Beim Tabellenkalkulationsprogramm Excel sind einige Besonderheiten zu beachten.

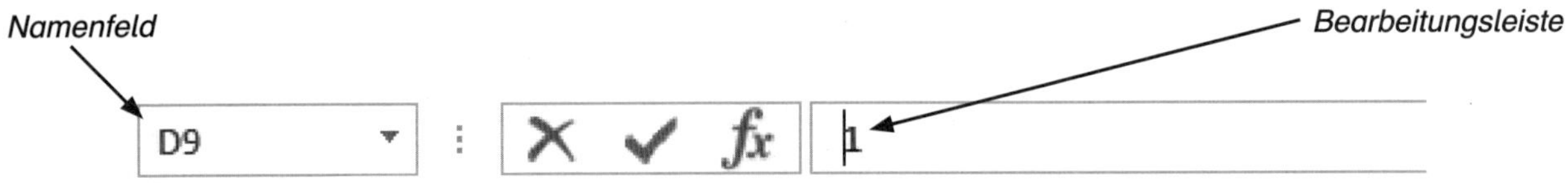

	A	B	C	D	E
1					
2					
3		Klasse 7a	Klass 7b	Klasse 7c	
4	sehr gut	1	2	0	
5	gut	5	4	6	
6	befriedigend	9	9	11	
7	ausreichend	8	9	7	
8	mangelhaft	3	2	1	
9	ungenügend	1	0	1	
10					
11	Anzahl der Arbeiten				
12					

Abbildung 1

Bei einer Dateneingabe solltest du auch auf die Zeile oberhalb der Spaltenbezeichnung achten.
Im Namenfeld siehst du, in welcher Zelle du gerade eine Eingabe machst; hier ist es die Zelle D9. Du kannst es auch daran erkennen, dass um die Zelle D9 ein dickerer Rand ist.

Excel erkennt z. B. in dieser Tabelle (Abb. 1), dass in der Spalte A verschiedene Wörter eingegeben wurden, also „Text“ steht. Diesen schreibt Excel automatisch linksbündig. Eine Besonderheit schon an dieser Stelle: Wenn der Text bei der Eingabe nicht in eine Zelle passt, so verschwindet er unter der nächsten Zelle. Das heißt, du kannst ihn zwar nicht sehen, aber verloren ist er nicht. In der Bearbeitungsleiste hingegen ist der Text sichtbar.

In den Spalten B – D sind in den Zeilen 4 – 9 Zahlen eingegeben. Das erkennt Excel ebenfalls automatisch und schreibt sie rechtsbündig.
Bei der Eingabe von Zahlen musst du noch beachten, dass kein Trennzeichen für Tausend gesetzt werden darf; also nicht 12.345, sondern 12345.

Wenn du hinter der Zahl eine Währungsangabe eingibst, so ist dies für Excel „Text“. Du wirst später noch erfahren, wie man ganze Bereiche z. B. für Währungen einfach formatiert.

Wenn du mit der Eingabe fertig bist, kannst du entweder mit „Enter“ abschließen oder du klickst auf das Symbol ✓.

Wenn du eine Eingabe abbrechen möchtest, weil du z. B. einen falschen Wert eingegeben hast, so kannst du das entweder mit der ESC-Taste machen oder indem du das Symbol ✕ anklickst.

Aufgabe
Probiere aus und gib die Daten der Tabelle (Abb.1) in eine neue Arbeitsmappe ein.
Speichere die Tabelle unter dem Namen „Klassenarbeit.xlsx“ ab.

Mit der Tabellenkalkulation Excel kann gerechnet werden.

Beispiel:

	A	B	C	D	E
1	1. Summand	+	2. Summand	=	Wert der Summe
2					
3	2	+	5	=	7

Abbildung 1

Du wirst zu Recht sagen: „Das kann ich auch ohne Excel und dann noch viel schneller.“ Das stimmt, aber die Rechenwege kann man am besten an einfachen Aufgaben erklären. Wie kann Excel wissen, dass in der Zelle E3 die „7“ als Ergebnis stehen muss? Wir sehen uns das an.

Aufgabe
Öffne eine neue Arbeitsmappe.
Gib alles so ein, wie es in der obigen Tabelle steht, außer der „7“ in der Zelle E3.
Klicke in die Zelle E3.

Nun müssen wir in die Zelle E3 eine Formel schreiben, die die Addition der beiden Werte (Summanden) vollzieht.

Eine Formel eingeben:
Damit Excel weiß, dass gerechnet werden soll, musst du in die Befehlszeile zuerst ein Gleichheitszeichen eingeben.

SUMME | fx | =

	A	B	C	D	E
1	1. Summand	+	2. Summand	=	Wert der Summe
2					
3	2	+	5	=	=

Befehlszeile

Abbildung 2

Hinter das Gleichheitszeichen schreibst du jetzt die Zellen der beiden Summanden (in diesem Fall: A3 und C3), verbunden durch das „+“ für die Addition: also =A3+C3.
Jetzt steht in der Zelle E3 das Ergebnis: „7“.

> Damit kennst du den Rechenbefehl für die Addition:
> = Zelle1+Zelle2

Schreibe in die Zeilen 4 – 10 weitere Additionsaufgaben. In der Spalte E gibst du immer wieder die entsprechende Formel ein, z. B. =A6+C6

Aufgabe
Die Summe aller deiner Aufgaben soll in der Zelle E11 stehen. Überlege, welche Zellen addiert werden müssen. Schreibe die Formel in die Zelle E11 und speichere die Mappe unter dem Namen „Addition1.xlsx“ ab.

Verschiedene Rechenoperationen

Mithilfe von Excel lassen sich verschiedene Rechenoperationen durchführen. An einem Beispiel hast du die Addition schon geübt.

Aufgabe
Erstelle eine neue Arbeitsmappe. Lege eine Tabelle nach folgendem Muster an.

				Formel	Ergebnis
12	*	15	=		
221	+	345	=		
936	/	9	=		
2315	–	127	=		
45	*	5	=		
5487	–	1378	=		

Trage die Formeln und das Ergebnis in die Tabelle ein.

Hier sind die wichtigsten Formeln noch einmal im Überblick. Berechne das Ergebnis mithilfe von Excel. Gib dazu folgende Werte ein: Zelle C3= 5; C5=7; C6=2; C7=8.

	Operator	Beispiel	Ergebnis
Addition	+	=C3+C5	
Subtraktion	–	=C7-C3	
Multiplikation	*	=C6*C3	
Division	/	=C3/C2	
Prozent	%	=C3*C6%	

Für Formeln ist es wichtig, dass der Bereich angegeben wird, auf den die Formel angewendet wird. Hier gibt es zwei Möglichkeiten.
Gib dazu folgende Werte ein: Zelle A2=1; A3=3; A4=5: A5=7; A6=9: A7=10.

		Beispiel	Ergebnis
:	nennt den Bereich „von … bis“	=Summe(A2:A7)	
;	Hier werden einzelne Zellen zu einem Bezug (in diesem Fall zu einer Summe) zusammengefasst.	=Summe(A2;A7)	

Aufgabe
Öffne eine neue Arbeitsmappe.
Trage die Zahlen 1928, 2387, 3276, 5431 und 8793 in eine Tabelle ein.
Multipliziere die erste mit der dritten Zahl.
Addiere die erste, die zweite und die letzte Zahl.
Multipliziere die Summe der ersten vier Zahlen mit der letzten Zahl.

Speichere die Tabellen unter dem Namen „Rechenoperationen.xlsx“ ab.

Du hast eine Liste mit den Ergebnissen einer Klassenarbeit von drei Klassen angelegt und abgespeichert. Weitere Angaben sollen ergänzt werden.
Dazu rufst du die Datei „Klassenarbeit.xls“ auf. Gehe in folgenden Schritten vor.

Aufgabe
Klicke auf *Datei*, dann auf *Öffnen*.
Wähle dann die Datei „Klassenarbeit.xlsx“.

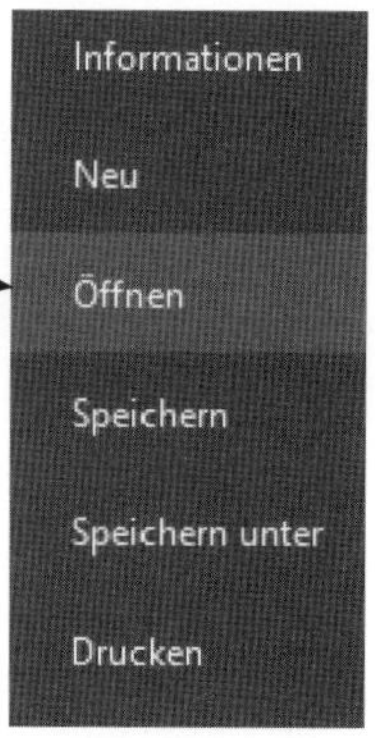

Abbildung 1

Oder du klickst auf diesen Button (Datei öffnen), den du in der Symbolleiste für den Schnellzugriff findest.

Abbildung 2

Nun öffnet sich, je nach Version des genutzten Betriebssystems, z. B. die „Öffnen-Ansicht“ oder ein Fenster, in dem du dann das Verzeichnis suchst (Suchen in), in dem du deine Dateien abgespeichert hast.

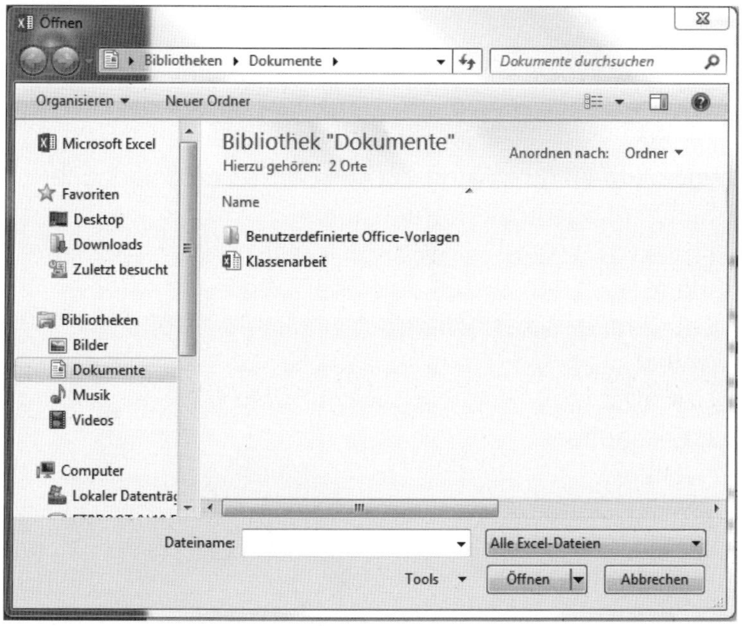

Abbildung 3

In diesem Fall ist es das Verzeichnis „Dokumente“. Dort findest du die Datei „Klassenarbeit.xlsx“. Klicke nun auf den Dateinamen der gewünschten Datei, anschließend auf den Button 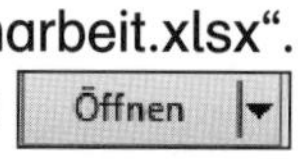 und du siehst deine Übersicht auf dem Bildschirm.

Jetzt kannst du Veränderungen an deiner Übersicht vornehmen, indem du z. B. Daten ergänzt, die dir noch fehlen.

Aufgabe
Speichere die überarbeitete Liste unter dem Dateinamen „Klassenarbeit 2.xlsx“ ab.

Du hast eine Liste einer Klassenarbeit angelegt und abgespeichert. Drucke diese Liste jetzt aus.

Aufgabe
Du öffnest die Datei „Klassenarbeit.xlsx“.
Auf dem Bildschirm erscheint diese Liste.

D9 | fx | 1

	A	B	C	D	E
1					
2					
3		Klasse 7a	Klasse 7b	Klasse 7c	
4	sehr gut	1	2	0	
5	gut	5	4	6	
6	befriedigend	9	9	11	
7	ausreichend	8	9	7	
8	mangelhaft	3	2	1	
9	ungenügend	1	0	1	
10					
11	Anzahl der Arbeiten				

Jetzt hast du zwei Möglichkeiten, das Dokument auszudrucken.

❶ Du wählst den Weg: *Datei* → *Drucken.*

Dann öffnet sich dieser Bildschirm:

Unter der Überschrift Drucker wird dir der angeschlossene Drucker angezeigt.

Unter Einstellungen kannst du wählen, ob das ganze Dokument oder nur bestimmte Seiten ausgedruckt werden sollen.

U. a. kannst du dann noch wählen, ob du deine Tabelle als einen „Einseitigen Druck“, im Format „Hochformat“ und in der Größe „A4“ ausdrucken möchtest.

Unter Druckereigenschaften kannst du noch weitere Einstellungen wie z. B. „farbiger Ausdruck“ auswählen.

Wenn du jetzt auf Drucken klickst, wird dein Dokument ausgedruckt.

❷ Oder du klickst in der Symbolleiste für den Schnellzugriff auf den Button (Schnelldruck). Nun wird sofort dein ganzes Dokument gedruckt, ohne dass du genauere Einstellungen vornehmen kannst.

Aufgabe
Drucke die Liste aus.

Um herauszufinden, welches die beliebteste Zeitschrift in deiner Klasse ist, starte eine Umfrage unter deinen Mitschülerinnen und Mitschülern.
Frage jeden nach seiner Lieblingszeitschrift.
Um das Ergebnis leicht verständlich darzustellen, eignen sich Diagramme.

Aufgaben
Führe die Umfrage nach der Lieblingszeitschrift in deiner Klasse durch.
Trage deine Ergebnisse in eine neue Excel-Arbeitsmappe ein.
Gestalte eine Tabelle. Trage in die Spalte A die Titel der Zeitschriften ein, in Spalte B die Anzahl der Nennungen.

	A	B
1	**Die beliebtesten Zeitschriften**	
2		
3	**Titel**	**Nennungen**
4	Bravo	6
5	Bravo-GIRL	3
6	Yeah!	5
7	Popcorn	3
8	Mädchen	4
9	Wendy	5
10	Micky Maus	2

Abbildung 1

Markiere alle Zellen, in denen Namen von Zeitschriften und Nennungen eingetragen sind.

Gehe nun in folgenden Schritten vor:
Klicke in der Menüleiste den Reiter *Einfügen*.
In der Gruppe *Diagramme* hast du zwei Möglichkeiten:
❶ Excel empfiehlt ein Diagramm.
❷ Du wählst den gewünschten Diagrammtyp aus, der deiner Meinung nach das Ergebnis am besten darstellen kann.
In diesem Beispiel wird ein Säulendiagramm ausgewählt (Abb. 2).
Du kannst zwischen mehreren Säulentypen wählen (oder dir noch weitere anzeigen lassen). Wenn du dich entschieden hast, klickst du auf den entsprechenden Button.

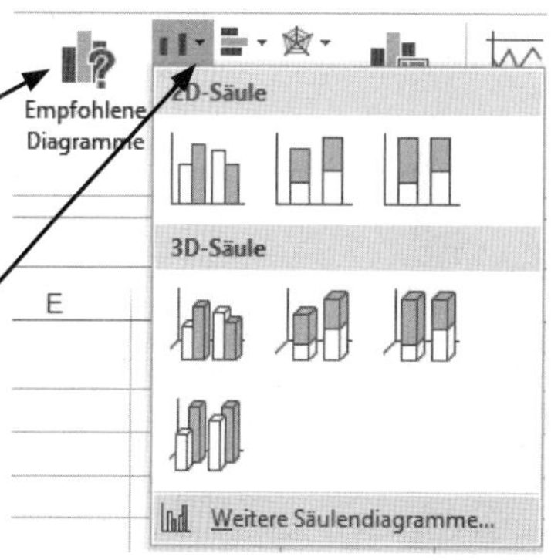

Abbildung 2

Jetzt erscheint das fertige Diagramm neben der Tabelle. In den nun erscheinenden Registerkarten *Entwurf*, *Layout* und *Format* kannst du nun weitere Veränderungen vornehmen, wenn du das möchtest.

	A	B
1	**Die beliebtesten Zeitschriften**	
2		
3	**Titel**	**Nennungen**
4	Bravo	6
5	Bravo-GIRL	3
6	Yeah!	5
7	Popcorn	3
8	Mädchen	4
9	Wendy	5
10	Micky Maus	2

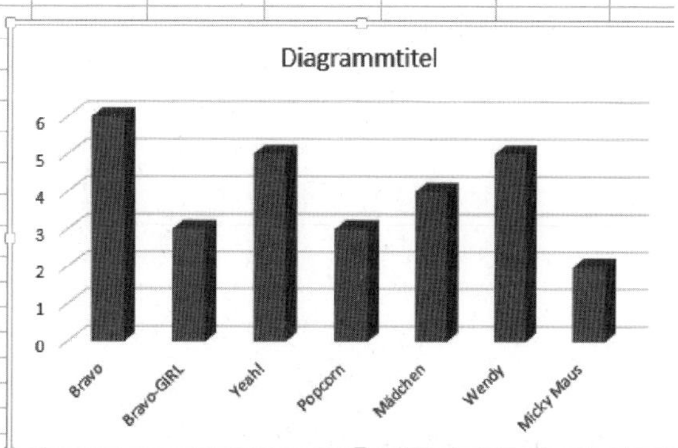

Abbildung 3

Du hast im ersten Kapitel schon gelernt, wie du nach der Arbeit mit dem Computer den Rechner herunterfährst und ihn ausschaltest.
Wie ist das nun, wenn du deine Arbeit mit Excel beenden willst?

1. Überprüfe zunächst, ob du deine Arbeitsmappe auch gespeichert hast. Wenn du dir nicht ganz sicher bist, speichere sie lieber noch einmal ab.

2. Nun klickst du auf *„Datei“*. Folgendes Fenster öffnet sich:

   Auf der linken Seite siehst du den Punkt *„Schließen“*. Damit wird deine Arbeitsmappe geschlossen (die du vorher gespeichert hast), aber Excel noch immer nicht beendet. Du kannst nun an der Arbeitsmappe weiterarbeiten, die du zuletzt bearbeitet hast.

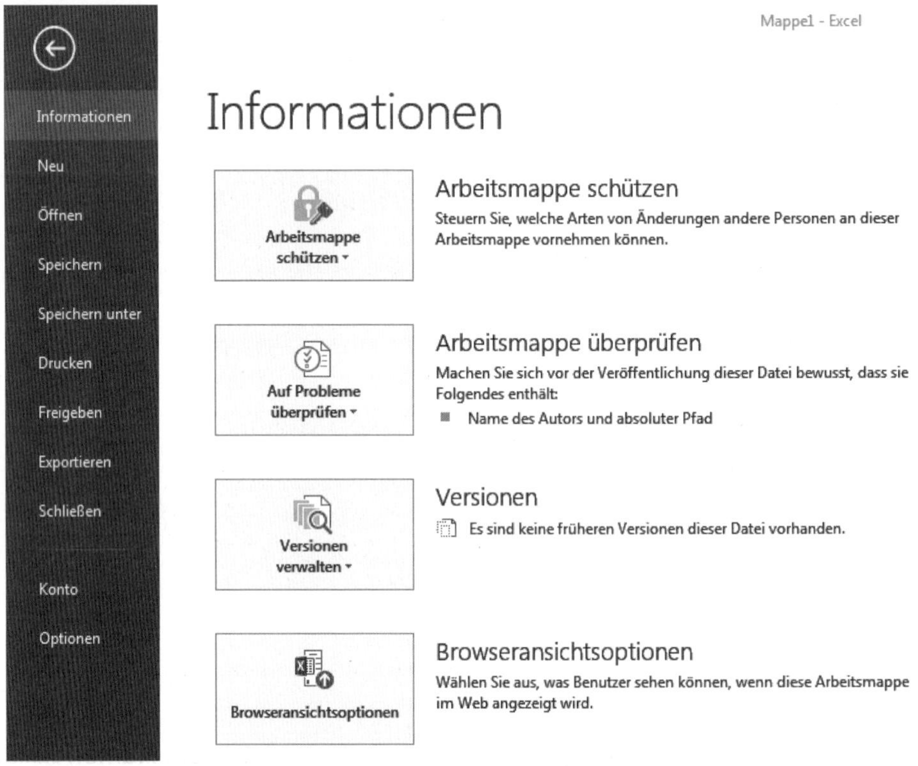

Nun musst du entscheiden, ob du mit einem anderen Programm weiterarbeiten möchtest oder ob du die Arbeit mit dem Rechner vollständig beendest. Dann musst du die Schritte aus dem ersten Kapitel gehen:

Start → Herunterfahren

1. Erstelle eine neue Arbeitsmappe.

2. Erstelle eine Tabelle nach folgendem Muster:

27	*	43	=		
3876	–	2985	=		
12093	+	8398	=		

3. Trage in die fünfte Spalte jeweils die richtige Formel ein.

4. Trage in die sechste Spalte das Ergebnis ein.

5. Erstelle unter der ersten Tabelle eine zweite Tabelle mit folgendem Inhalt.

Peter	5
Elvira	7
Olga	3
Klaus	5
Erkan	6

6. Erstelle ein Säulendiagramm mit der Überschrift „Wahl des Klassenprechers“.

7. Speichere die Arbeitsmappe in deinem Ordner unter dem Namen „Excel Test.xlsx“.

8. Kreuze an: Wenn in einer Zelle gerechnet werden soll, muss man die Eingabe

   ☐ mit einem Minuszeichen beginnen.
   ☐ mit dem Gleichheitszeichen beginnen.
   ☐ gar kein Zeichen vor die Formel setzen.

9. Kreuze an: Die Felder, die mit den Großbuchstaben (A, B, C, …) bezeichnet sind, heißen

   ☐ Zeilen.
   ☐ Zellen.
   ☐ Spalten.

10. Kreuze an: Eine Zelle wird z. B. durch folgende Kombination festgelegt:

   ☐ (A,A)
   ☐ (A,1)
   ☐ (1,1)

INTERNET

Diese Checkliste soll dir einen Hinweis darauf geben, was du über das Internet und E-Mails wissen solltest.
Hake die Bereiche ab, in denen du dich schon sicher fühlst. Die anderen Themen kannst du in Ruhe durcharbeiten.

Internet	**ohne Hilfe**	**mithilfe**	**muss noch üben**
Einen Browser starten			
Verschiedene Browser kennen und starten			
Nach bestimmten Begriffen suchen			
Die Suche (durch entsprechende Eingaben) gezielt durchführen			
Suchergebnisse in eine Textverarbeitung einbinden und verarbeiten			
Begriffe mithilfe von Wikipedia (als Lexikon) erklären			
E-Mail	**ohne Hilfe**	**mithilfe**	**muss noch üben**
Eine E-Mail öffnen			
Eine E-Mail verschicken			
Ein E-Mail-Programm starten			
Eine E-Mail lesen			
Ein E-Mail-Programm beenden			
Verhaltensregeln (Netiquette) für den E-Mail-Verkehr kennen			

Das Internet – Was ist das überhaupt?

Das Internet ist ein weltweites Netzwerk aus Millionen von Computern, das eine riesige Auswahl an Informationen und Dienstleistungen bereithält.
Das **World Wide Web** (www oder das Web) ist der bekannteste Teil des Internets.
Über das Internet kann auf Informationen zurückgegriffen werden.
Es können auch Einrichtungen wie E-Mail, Chaträume, Diskussionsforen und Newsgroups genutzt werden.

Damit du sehen kannst, was im Internet alles zu erforschen ist, musst du zuerst einen Webbrowser starten. Webbrowser sind Programme, mit denen dein Computer mit dem Internet verbunden wird. Die beiden bekanntesten Browser sind zurzeit der Internet Explorer und Mozilla Firefox.

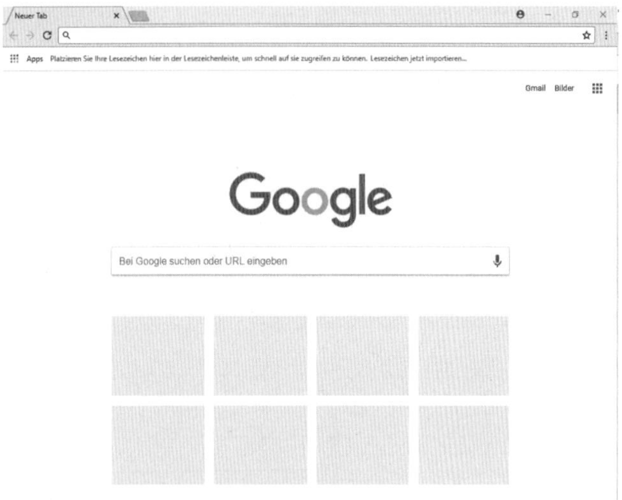

Google Chrome

Mozilla Firefox

Damit der Browser eine bestimmte Seite findet, hat jede Internetseite eine eigene Anschrift, die so genannte URL-Adresse. Alle Adressen beginnen mit dem Kürzel **„http“** (1) (HyperTextTransferProtocol). Die Buchstaben **www** (2) geben an, dass sich die Seite im World Wide Web befindet. Nach einem Punkt folgt der **Domain-Name** (3), mit der eigentlichen Adresse des PCs und dessen Standort (4) (z. B. **„de“** für Deutschland). Wenn eine Webseite mit dem Kürzel **„com“** endet, handelt es sich um eine kommerzielle Seite. Eine komplette Internetadresse hat also vier Teile:

http://www.schulferien.de
(1) (2) (3) (4)

Aufgaben

1. Wofür steht die Abkürzung www?
2. Was ist ein Web–Browser?
3. Nenne wenigstens zwei bekannte Browser.
4. Öffne folgende Internetadressen und notiere, wer sich hinter diesen Adressen verbirgt.
   http://www.wdrmaus.de, *http://www.rstg.de*, *http://www.albertina.at*

Im Internet findet man alles, heißt es. Das kann schon sein, aber wo? Niemand hat den Überblick über das, was im Internet zu finden ist. Über eine Milliarde Web-Seiten stehen inzwischen im Internet, so wird geschätzt. Eine Suche ist mithilfe von Suchmaschinen möglich.

„Suchmaschinen“ sind automatisch arbeitende Programme, die Tag und Nacht das Internet nach Web-Seiten durchsuchen. Wenn sie neue Seiten finden, werden alle darin gefundenen Wörter zusammen mit den Web-Adressen in einer riesigen Datenbank sortiert abgespeichert. Gibt man ein Stichwort ein, so durchsucht die Maschine ihre Datenbank nach Seiten, welche dieses Wort enthalten.

Die Ergebnisseite der Suchmaschine zeigt die Anzahl der gefundenen Seiten und listet die ersten Adressen auf:
Zu den größten allgemeinen Suchmaschinen (die auch eine deutsche Version anbieten) gehören:

www.yahoo.de	YAHOO!
www.bing.de	bing
www.blindekuh.de	BLINDE KUH www.blinde-kuh.de
www.google.de	Google

Aufgabe
Gib in dem jeweiligen Suchfeld das Wort „Schule“, „Grundschule“ und „Regenbogen-Grundschule“ ein.
Achte darauf, wie viele Einträge die verschiedenen Suchmaschinen gefunden haben.
Schränke die Suche auf „Seiten auf Deutsch“ ein.
Trage die Werte, die du gefunden hast, in die Tabelle ein.

Suchbegriff	Schule	Grundschule	Regenbogen-Grundschule
www.yahoo.de			
www.bing.de			
www.blindekuh.de			
www.google.de			

Du hast einige Suchmaschinen kennengelernt und dir einen ersten Vergleich verschafft, indem du den gleichen Begriff bei verschiedenen Suchmaschinen eingegeben hast. Du sollst nun bestimmte Seiten suchen, auf denen du Informationen zu deinem Referatthema findest, das da lautet „Der Hafen in Hamburg – die wichtigsten Umschlaggüter“.

Öffne dazu Google und du erhältst (je nach Browser) dieses Bild.

Nun gibst du den Suchbegriff in das freie Feld ein: „Der Hafen in Hamburg – die wichtigsten Umschlaggüter“.
Du erhältst eine Menge von Webseiten.
Welche Seiten sind davon für dein Referat interessant?
Welche helfen dir weiter?

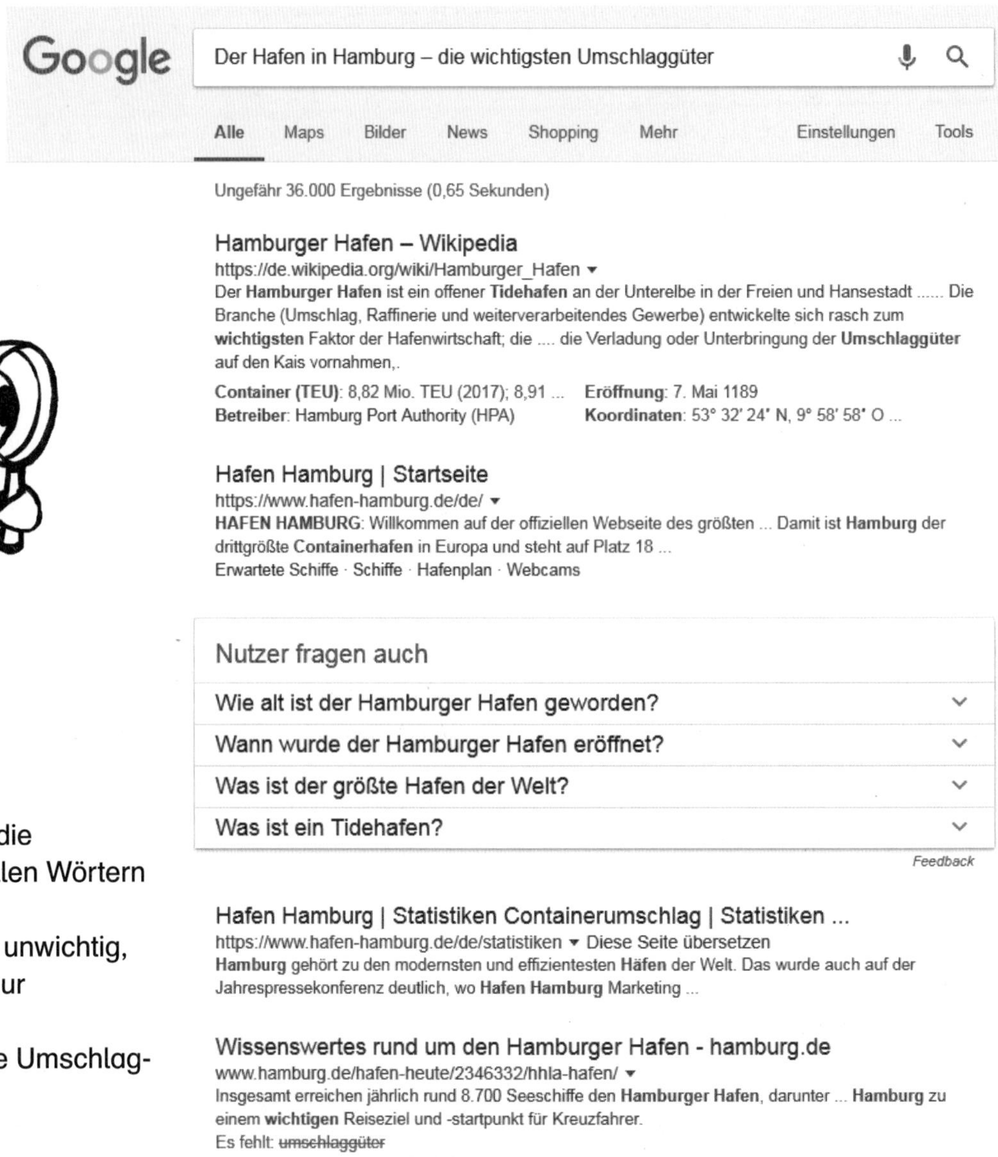

Du musst wissen, dass die Suchmaschinen nach allen Wörtern suchen, die du eingibst.
Deshalb sind die Artikel unwichtig, du hättest also besser nur eingegeben:
Hafen Hamburg wichtige Umschlaggüter.

Du siehst:
Je genauer du den gesuchten Bereich beschreibst, umso genauer wird die Auswahl.
Trotzdem liegt es jetzt an dir aus den vorgeschlagenen Seiten die herauszufinden, die tatsächlich die gewünschten Informationen enthalten.

Oft sollst du im Unterricht nach Informationen suchen. Am einfachsten ist das natürlich mit dem Lexikon, das steht im Bücherregal und du kannst sofort nachschlagen. Manchmal geht es aber um aktuelle Fragen, und dafür ist das Lexikon nicht neu genug.
Was tun?
Im Internet gibt es eine Adresse, hinter der sich ein riesengroßes Lexikon versteckt:

http://de.wikipedia.org

Wenn du diese Adresse in die Suchzeile des Browsers eingibst, erscheint folgende Seite.

Dies ist die Startseite von **Wikipedia**. Du kannst nun in das Suchfeld den Begriff eingeben, zu dem du weitere Informationen benötigst.

Ein solches „Lexikon" im Internet hat einige Vorteile:

- Es ist aktuell. Es wird ständig aktualisiert, täglich kommen neue Beiträge hinzu.
- Teile aus den Beiträgen können durch Kopieren in Word-Texte eingefügt werden und stehen dir so zur Überarbeitung (z. B. in einem Referat) zur Verfügung.
- Jeder kann sich an der Überarbeitung der Beiträge beteiligen.

Aufgabe

1. Gib z. B. den Begriff „Vulkanasche" ein und suche in dem Beitrag nach einem Hinweis auf einen Vulkanausbruch im Jahr 2010. Schreibe nur den Namen des Vulkans auf und in welchem Land der Vulkan liegt.
2. Suche das Wort „StayFriends". Schreibe kurz (in zwei Sätzen) die Erklärung für diesen Begriff auf.
3. Überlege: Welche Nachteile hat dieses „Lexikon"?

Nun kannst du beweisen, wie gut du schon im Internet nach Informationen suchen kannst und wie du diese mit Word weiterverarbeitest.

Erstelle für jede Aufgabe zuerst ein neues Dokument (in Word).

Öffne dann den Internet-Browser.

Aufgabe

1. Du sollst einen Informationstext über deinen Heimatort (Heimatstadt) verfassen. In ihm sollen folgende Angaben enthalten sein:
   Einwohnerzahl; Stadtwappen; Anzahl Schulen; mindestens 2 Sportvereine; Name der Bürgermeisterin/des Bürgermeisters; ein Bild einer Schule; ein Bild einer bekannten Persönlichkeit, die in der Stadt gelebt hat. Speichere den Text (höchstens eine Seite) unter dem Namen „Heimat.docx“ ab.

2. Erkläre den Begriff „StayFriends“. Suche die Angaben über deine Schule. Speichere die Angaben unter dem Namen „Stay.docx“ ab.

3. Petra möchte mit dem Zug von Hamburg Hbf nach Osnabrück Hbf fahren, und zwar samstags. Sie möchte spätestens um 12:00 Uhr bei ihrer Freundin sein, aber nicht vor 08:00 Uhr in Hamburg abfahren.
   Welche Züge kann sie benutzen?
   Wie lange fährt der Zug?
   Muss sie umsteigen? Wenn ja, wo?
   Wie teuer ist die Fahrt (Petra ist 15 Jahre alt und hat keine BahnCard).

4. Familie Klein (Herr und Frau Klein, Sohn Martin, 10 Jahre) wohnt in Köln und möchte für ein Wochenende nach München fliegen.
   Sie wollen am Freitagabend in Köln abfliegen und am Sonntagabend (spätestens um 17:00 Uhr) zurück sein.
   Hole drei Angebote ein. Berechne jeweils die Gesamtkosten (mit allen Nebenkosten). Nutze dazu Excel.
   Speichere den Vergleich unter dem Namen „Wochenende.docx“ ab.

Es ist heute fast „out“, Freunden einen Brief zu schreiben.

Heute macht man das meist „elektronisch“, man schreibt E-Mails.

Wie schreibst du deinen Freunden eine E-Mail?

Dazu benötigst du (und deine Freunde) zuerst einmal ein E-Mail-Konto mit einer E-Mail-Adresse, außerdem ein E-Mail-Programm, z. B. Outlook oder Thunderbird. Ein Konto kannst du kostenlos bei einigen Anbietern einrichten.
Hier eine kleine Auswahl:
www.web.de, www.gmx.de, www.hotmail.de, www.yahoo.de und speziell für Kinder und Jugendliche www.mail4kidz.de.

Eine E-Mail-Adresse besteht aus drei wichtigen Teilen:
Der erste Teil ist der Benutzername (1), z.B. Lukas.Jansen; danach kommt das @-Zeichen (2) (du erhältst es, indem du die Tasten <AltGr> + <Q> drückst); zum Schluss kommt der Name des Anbieters (3).

Lukas.Jansen@gmx.de
(1) (2) (3)

Wenn du dein E-Mail-Konto eingerichtet hast, musst du es durch ein Passwort schützen. Verwende hier eine Kombination aus Buchstaben und Zahlen, damit es möglichst niemand erraten kann.
Bevor du eine E-Mail schreiben oder empfangen kannst, benötigst du ein entsprechendes Programm. Von den Möglichkeiten her sind diese Programme ähnlich, sie unterscheiden sich fast nur im Erscheinungsbild.
Hier siehst du die Startbildschirme von zwei E-Mail-Programmen, die häufig verwendet werden.

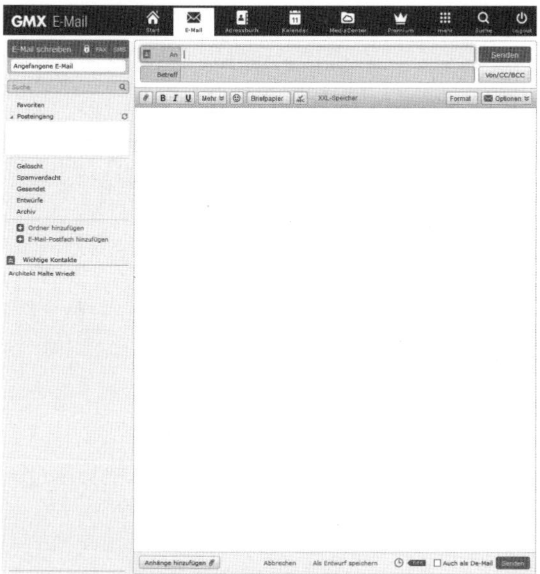

GMX-Mail

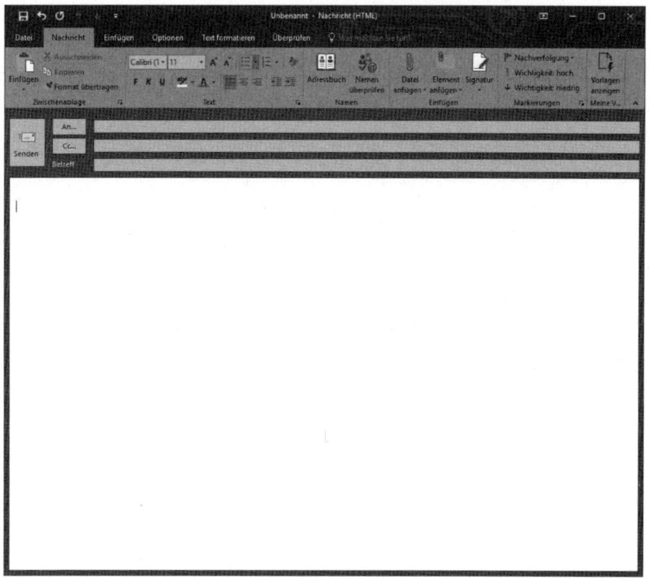

Microsoft Outlook

Eine E-Mail schreiben und versenden

Wenn du dein E-Mail-Programm geöffnet hast (hier Outlook), erscheint folgendes Bild:

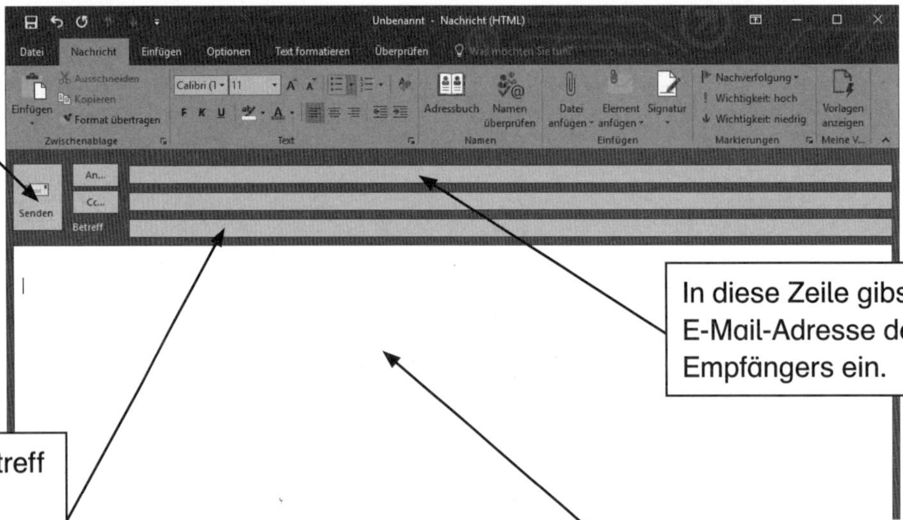

Wenn du deine Mail wegschicken willst, klickst du auf den Button „Senden“.

In diese Zeile gibst du die E-Mail-Adresse des Empfängers ein.

Hier trägst du den Betreff deiner Mail ein. Der Empfänger weiß dann sofort, worum es geht.

In diesem Feld kannst du schreiben.

Eine E-Mail öffnen und beantworten

Oft möchte man keine neue E-Mail schreiben, sondern eine E-Mail beantworten. Die Programme bieten für diesen Zweck verschiedene Möglichkeiten.
Du hast eine E-Mail erhalten. Im Posteingang sieht die E-Mail so aus.
Bevor du die Mail beantwortest, hast du mehrere Auswahlmöglichkeiten.

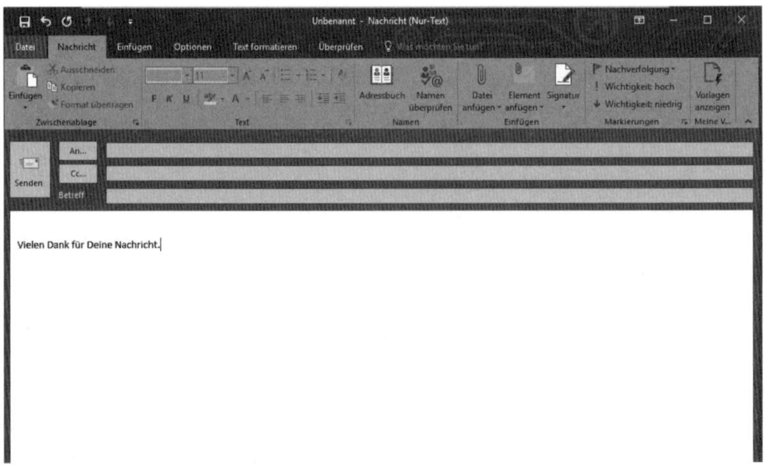

Auf diesen Button klickst du, wenn du dem Absender antworten möchtest.

Wenn du auf diesen Button klickst, schickst du deine Antwort an alle Absender.

Du beantwortest die E-Mail nicht, sondern schickst sie an einen anderen Empfänger.

Du hast von deinem Freund eine E-Mail bekommen und willst sie nun beantworten. Du hast deshalb auf den Button „Antworten“ geklickt und erhältst dieses (oder ein ähnliches) Bild.

Wenn du die Antwort geschrieben hast, klickst du auf den Button „senden“.

Hier siehst du, wer die E-Mail geschickt hat.

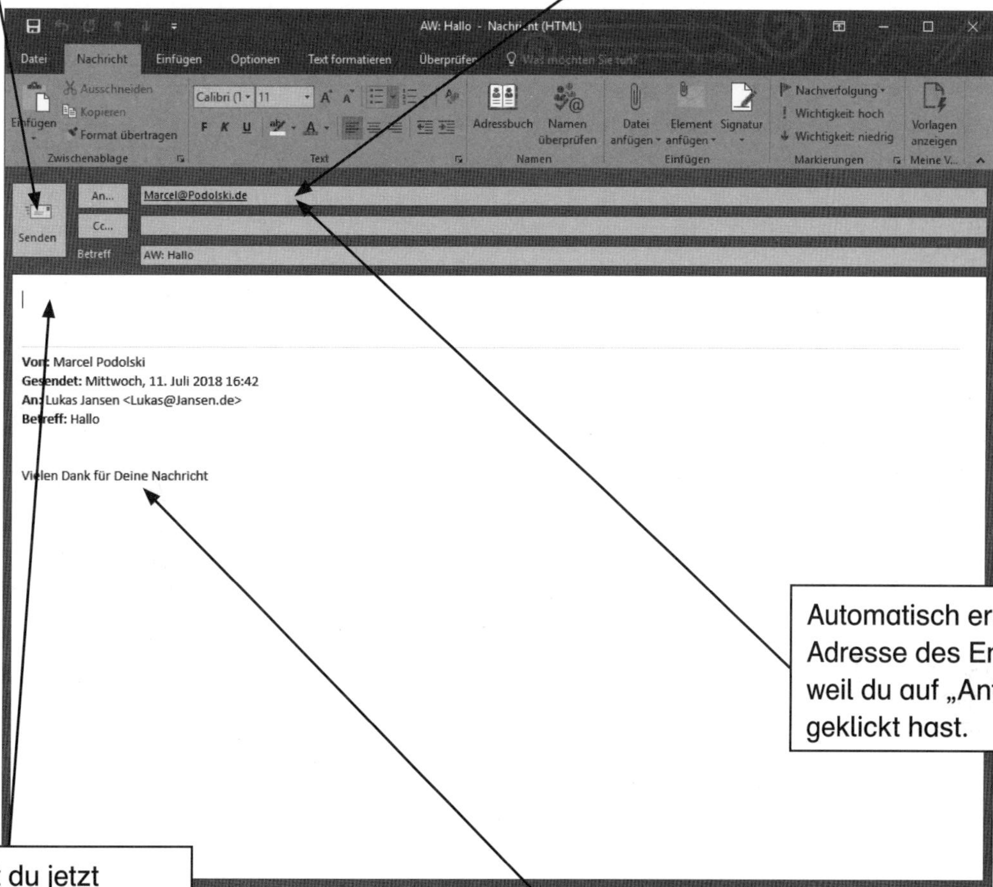

Automatisch erscheint die Adresse des Empfängers, weil du auf „Antworten“ geklickt hast.

Hier kannst du jetzt deine Antwort schreiben. Der Text der E-Mail wird automatisch nach unten verschoben.

Hier siehst du den Text der E-Mail, auf den du antworten willst.

Das Schreiben von E-Mails ist heute gang und gäbe. Dabei kann es aber schnell zu Missverständnissen kommen. Der Empfänger einer E-Mail kann beim Lesen etwas falsch verstehen. So kann eine in netter Absicht gesendete Mail eine ganze „Lawine“ hitziger Reaktionen und dann Antwort auf Antwort nach sich ziehen.
Das passiert leider viel zu häufig.
Dem kannst du in deinen Mails vorbeugen, indem du ein paar „Spielregeln“ für das Schreiben von E-Mails beachtest. Diese Spielregeln werden auch Netiquette genannt (das Wort setzt sich zusammen aus „nett“ und „(Et)iquette“).

Netiquette in E-Mails

- Fasse dich kurz!

  Beantworte Fragen kurz und knapp. Kopiere bei einer Antwort-Mail nicht den ganzen Text der vorherigen Mail. Bei mehreren Fragen antworte immer direkt unter der jeweiligen Frage.

- Verschicke keine Massen-E-Mails!

  Verschicke bitte keine E-Mails ungefragt an mehrere Adressaten. Du möchtest selbst auch nicht ungefragt Massen-E-Mails erhalten.

- Verschicke keine leeren E-Mails!

  Solltest du eine Datei (z. B. ein Foto) an jemanden schicken wollen, schreibe einen kurzen Text dazu, in dem klar wird, was der Inhalt deiner E-Mail ist.

- Schreibe immer etwas in die Betreff-Zeile!

  Ohne Betreff kann der Empfänger deiner E-Mail nicht wissen, um was es sich handelt. Womöglich schiebt er deine E-Mail ungelesen in den Papierkorb.

- Schreibe eine nette Anrede!

  Auch du freust dich, wenn du nett angesprochen wirst!

- Benutze Groß-und Kleinschreibung!

  WENN DU NUR GROß SCHREIBST, GLAUBT DER EMPFÄNGER DU WÜRDEST SCHREIEN. wenn du nur klein schreibst, glaubt der Empfänger vielleicht, dass du bequem und faul bist.

- Zeige dem Leser deiner E-Mail deine Stimmung!

  Du kannst dem Leser zeigen, ob du dich über etwas freust ☺ oder ob du traurig bist ☹. Aber nutze nicht zu viele dieser „Emoticons“, sonst geht schnell die Übersicht verloren!

- Wenn du mit dem Inhalt einer E-Mail nicht einverstanden bist, antworte später.

  Solltest du eine E-Mail erhalten, über die du dich ärgerst, antworte nicht sofort. Lass dir Zeit und überdenke deine Antwort. Denn: Was du einmal verschickt hast, kannst du nicht wieder rückgängig machen.

Wenn du dich an diese Spielregeln hältst, freut sich jeder über eine E-Mail von dir!

Aufgaben
Öffne einen Internet-Browser. Nutze das Internet zur Suche nach Informationen.
Beantworte die folgenden Fragen jeweils in ein oder zwei Sätzen.

1. Was ist eine Rotbuche? ______________________________

   Welche Höhe erreicht sie durchschnittlich? ______________________________

   Beschreibe die Blattform und skizziere sie. ______________________________

   ____

   Blattform

   Frucht

2. Zeichne die Frucht.
   Wo (in welchen Ländern/Erdteilen) wächst die Rotbuche?
   Suche ein Bild einer Rotbuche.

3. Luca wohnt in Stuttgart und fährt am Wochenende mit dem Zug nach München.
   Abfahrt: Freitag zwischen 17:00 und 18:00 Uhr
   Rückfahrt: Sonntag; Ankunft in Stuttgart spätestens um 19:30 Uhr
   Ermittle den Fahrpreis (Peter ist 16 Jahre und hat eine Bahncard 25).

   Welche Züge wird Peter nehmen? ______________________________

   ____

   Wie teuer ist die Hin- und Rückfahrt? ______________________________

4. Benne die drei Elemente, aus denen eine E-Mail-Adresse besteht und notiere ein Beispiel.

   ____

5. Welche der drei Aussagen ist richtig? Kreuze entsprechend an.
   - ☐ Eine E-Mail-Adresse soll immer den vollständigen Namen enthalten.
   - ☐ Eine E-Mail soll immer ohne Betreff geschrieben werden.
   - ☐ In einer E-Mail sollte man sich möglichst kurz fassen.

6. Nenne drei Browser.

   ____

7. Nenne zwei E-Mail-Programme.

   ____

Grundlagen

1. Ein Computersystem besteht aus Hardware und Software.
   Nenne jeweils drei Komponenten für Hardware und Software.

Hardware:			
Software:			

2. Zum Löschen von falschen Eingaben gibt es auf der Tastatur zwei Tasten. Welche Taste löscht die Buchstaben links von der Schreibmarke (Cursor)? Kreuze an.
   - ☐ Eingabetaste
   - ☐ Rücktaste
   - ☐ Entfernen-Taste

3. Nenne drei Geräte, die an einen Computer angeschlossen werden, und beschreibe in einem Satz, welche Aufgabe dieses Gerät jeweils hat.

Word

1. Schreibe folgenden Text genau so ab, wie er hier steht.
   Heute schreibe ich meinen Zwischentext zur Textverarbeitung Wörd. Jetzt kann ich zeigen, was ich in den lezten Stunden gelernt habe. Es ist doch gar nicht so schwehr, Teste mit dem Computer zu schreiben. Word hilft dabei doch sehr. Ich bin sicher, das ich gut abschneiden werde.

   Korrigiere nun die Rechtschreibfehler.
   Formatiere den gesamten Text in der Schrift „Garamond“ und der Größe 13 pt.
   Gestalte den Text im Blocksatz.
   Unterstreiche die folgenden Wörter: Computer, Textverarbeitung.
   Schreibe über den Text als Überschrift „Textverarbeitung“ in der Schriftgröße 16 pt und fett.
   Formatiere die Überschrift in roter Schrift.

Excel

1. Erstelle eine Tabelle nach folgendem Muster:

3876	–	985	=		
12093	+	398	=		

2. Trage in die fünfte Spalte jeweils die richtige Formel ein.

3. Trage in die sechste Spalte das Ergebnis ein.

4. Erstelle unter der ersten Tabelle eine zweite Tabelle mit folgendem Inhalt und erstelle anschließend ein Säulendiagramm mit der Überschrift „Größe der Freunde (in cm)“.

Peter	165
Elvira	147
Olga	153
Klaus	165
Erkan	166

Internet – E-Mail

1. Birgit wohnt in Frankfurt und fährt am Wochenende mit dem Zug nach Würzburg.
   Abfahrt: Samstag zwischen 7:00 und 8:00 Uhr
   Rückfahrt: Sonntag; Ankunft in Frankfurt spätestens um 19:00 Uhr
   Ermittle den Fahrpreis (Birgit ist 16 Jahre und hat keine Bahncard).

   Welche Züge wird Birgit nehmen? ____________________

   Wie teuer ist die Hin- und Rückfahrt? ____________________

2. Benne die drei Elemente, aus denen eine E-Mail-Adresse besteht und notiere ein Beispiel.

____

3. Welche der hier genannten Begriffe sind Suchmaschinen. Kreuze an.
   - ☐ Internet Explorer
   - ☐ Google
   - ☐ Firefox
   - ☐ Yahoo

4. Nettiquette
   Schreibe mindestens drei Regeln zu Nettiquetten in E-Mails auf:

   1.) ____________________

   2.) ____________________

   3.) ____________________

Abbildungsnachweis

Quellen

Seite 8	Laptop ©Okea – Fotolia.com
Seite 9	Drucker ©sonne Fleckl – Fotolia.com Scanner ©Krzysiek z Poczty – Fotolia.com Festplatte ©mweichse – Fotolia.com USB-Stick ©Kramografie – Fotolia.com Webcam ©tospark – Fotolia.com
Seite 10	Chip ©Stephen Sweet – Fotolia.com Drucker ©sonne Fleckl – Fotolia.com Monitor ©Kirsty Pargeter – Fotolia.com Tastatur ©Kirill Roslyakov – Fotolia.com
Seite 14	http://tux-paint-0919.dejoosoft.com/resource/screens/11/11664/87362.jpg
Seite 29	Drucker ©sonne Fleckl – Fotolia.com
Seite 47	Drucker ©sonne Fleckl – Fotolia.com

Jederzeit optimal vorbereitet in den Unterricht?

»